古典文獻研究輯刊

五 編

潘美月・杜潔祥 主編

第 20 冊

《宋元學案》成書與編纂研究

葛昌倫 著

國家圖書館出版品預行編目資料

《宋元學案》成書與編纂研究／葛昌倫著 — 初版 — 台北縣永和市：花木蘭文化出版社，2007〔民 96〕

目 2+138 面；19×26 公分
（古典文獻研究輯刊 五編；第 20 冊）
ISBN：978-986-6831-45-4（全套精裝）
ISBN：978-986-6831-65-2（精裝）
1. 宋元學案 2. 研究考訂
125　　96017589

ISBN - 978-986-6831-65-2

古典文獻研究輯刊
五　編　第二十冊　　ISBN：978-986-6831-65-2

《宋元學案》成書與編纂研究

作　　者　**葛昌倫**
主　　編　潘美月　杜潔祥
企劃出版　北京大學文化資源研究中心
出　　版　花木蘭文化出版社
發 行 所　花木蘭文化出版社
發 行 人　高小娟
聯絡地址　台北縣永和市中正路五九五號七樓之三
　　　　　電話：02-2923-1455／傳眞：02-2923-1452
電子信箱　sut81518@ms59.hinet.net
初　　版　2007 年 9 月
定　　價　五編 30 冊（精裝）新台幣 46,500 元

《宋元學案》成書與編纂研究

葛昌倫　著

作者簡介

葛昌倫，1975 年生於台北。早年就讀於台北市立南港高工汽車科，於役畢後考入中國文化大學史學系。就學期間受李紀祥老師之鼓勵，啟發對史學史及學術史之興趣。畢業後考入佛光人文社會學院歷史學研究所碩士班，並從李紀祥老師學習。現為國立中正大學歷史學研究所博士班學生。

提　　要

《宋元學案》為黃宗羲晚年繼《明儒學案》之後著手進行之學術史著作，其內容及規模均較《明儒學案》更為龐雜。然《宋元學案》之編纂歷程甚為複雜，自黃宗羲著手編纂以至馮雲濠和王梓材完稿之時，歷時約一百五十餘年，其中參與編纂之人數更高達五十餘位。就書籍之編纂而言，其費時費工甚為可觀。探究其編纂前之各種版本，除有助於理解《宋元學案》成書之過程外，更有助於理解《宋元學案》編纂之動機。而產生各種版本前，必先有版本之創造者，亦即編纂者之參與，方能產生版本。因此在論述版本流傳影響前，對各編纂者，及其關係作一釐清，將更有助於理解版本產生之原由及其傳佈。而版本之研究，首重體例間之差異比較，在對讀部份《宋元學案》主要版本之體例後，更容易瞭解不同時期版本編纂之編纂理念，而這些理念也被書寫進文本之中。全祖望在《宋元學案・安定學案》中所言「宋世學術」一詞，除了是全祖望對於「宋學」的理解之外，更可以展現出其編纂《宋元學案》之意識。

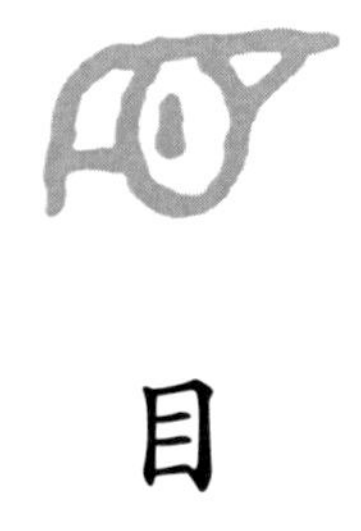

目錄

附　表

書　影

第一章　緒　言

第一節　寫作動機

「學術」的產生可說是人們的思想經過一段歲月累積而形成的成果，此成果主要是基於人們可以作獨立的個體思考之特性上，而此特性也使得人們相互彼此間的內在思維產生了差異，這樣的差異性表現在不同的思想活動方式之上，就產生出了不同的「學術」特色。換句話說，「學術」的本質會因人們彼此間之差異性而有所不同。因此，「學術」就是建立在以「人」作爲活動主體的基礎之上，進而產生思想的過程。人們在思想上的發展，便會藉由各種個體和群體間的相互交往活動，彼此激發出許多具有獨特性的學術特色出來。隨著學術在時間中的積累、建立在人的思想的脈絡上、伴隨著群體相互間之互動、對於某些學術議題上的相同或不同的主張等等，進而逐漸形成了以群體爲單位的學術群體。雖然這些學術群體就如同分門別派一般分劃不一，但彼此間之關係卻並非都是絕對對立的。隨著人們思想的轉變，而產生這些學術群體間之交互影響。在這些群體分合的過程中，區別這些群體間之同質性與差異性也就成爲一項相當重要的課題。也因爲依人而立的思想，本身就充滿了相當多理解的空間，使得這些群體間相互的存在變得不再那樣絕對。

在學術上所形成的群體就成爲學派，這些學派間所共同關切的議題就成爲學術上討論的主軸，而一旦成爲一個時代所共同討論關切的學術議題，就形成了時代的學術風氣。在中國所表現出的時代學術風氣，通常是被反映在各個不同的朝代之上。這些不同卻又相連貫的朝代，彼此之間均有其各自獨特的風格與特色，這些獨特的風格與特色雖不甚相同，卻又上下連貫。前代的學術風氣雖然會隨著時間的推移而不斷被後代所承繼和創新；其所關注的學術議題亦會隨著時代風氣而不斷改變，但在此傳接轉變的過程當中，以人作爲承續開展的主體，是有其絕對的影響力。沒有人的思想來傳承，依人而生並且發展的學術是不容易傳播和延續下去的。

若以內外在環境作爲學術的區隔，人的思想是內在的主體原素，而時代的風氣則是外在的環境原素，如此內在的主體與外在的環境，在彼此交互的影響之下，就產生了代表時代風氣的學術。爲因應這樣在學術分類以及記載上面的需要，時代風氣以很多不同的形式所呈現。諸如在正史當中的〈儒林傳〉、〈道學傳〉和〈文苑傳〉等；（宋）朱熹《伊洛淵源錄》、（宋）李心傳《道命錄》、（明）朱衡《道南源委》、（清）萬斯同《儒林宗派》、（清）王梓材《儒林宗派增注》、（清）趙繼序《漢儒傳經記》、（清）烏程、紀磊《漢儒傳易源流》、（清）熊賜履《學統》、（清）焦袁熹《儒林譜》等許許多多不同的種類和型式，產生出許許多多不同種類的學術性體裁；其中以「人」的相互關係和學術派別之間作爲區劃依據的「學案」體裁的出現，更是其中最爲特別的一種，可說是黃宗羲爲後世所開創出的一種具有統合性及整體性的學術體裁出來。〔註 1〕而關於學案體裁的發展和演變，晚近阮芝生、黃進興、陳錦忠、王明蓀、陳祖武等諸位先生，對此已有相當專門的論述。〔註 2〕而在這「學案」體裁的發展

〔註 1〕晚近國人對於「學案體」及其源流的探討，阮芝生先生以爲：「學案的創作乃是本於中國古代講學術史的傳統，其體裁的起源，可以說是遠祖《高僧傳》，中法《伊洛淵源錄》，近取《理學宗傳》及《聖學宗傳》等書，但至《明儒學案》才成爲一種有規模、有組織、有編纂方法和宗旨的成熟的體裁。」〈學案體裁源流初探〉，刊於杜維運、黃進興編，《中國史學史論文選集》（台北：華世出版社）上冊，頁 574。黃進興先生以爲：「黃宗羲的「學案」在著作原則及精神，固屬創據，但在體例上卻是承襲「學譜」式的史著而來。」，〈『學案』體裁產生的思想背景：從李紱《陸子學譜》談起〉，刊於《漢學研究》第二卷第一期（民國七十三年六月）頁 201～221。陳錦忠先生以爲：「體例的形成來源，雖然與從來以述學術淵源、接受源流的作品有若干關係，但最主要的卻是承襲周汝登《聖學宗傳》與孫奇逢《理學宗傳》二書。」〈黃宗羲《明儒學案》著成因緣與其體例性質略探〉，刊於《東海學報》第 25 卷（1984年）頁 111～140。王明蓀師以爲：「周孫二氏之書已有客觀探討學術之意，故而在其著有關學術史之書的體裁上可以顯現出來，即有『棄統求宗』的要求，要以學術爲經，以傳記爲緯。而梨洲更進一步，就近參考了兩書之體裁形式，以及掌握了透過裁所展現之要求，……一種較新的學術史著作體材於焉產生。」又說「在中國學術史上，極早就有學術分類與論源流、明旨要之傳統，而學案體裁在精神上可遠追司馬談論六家要旨。」〈從學術史著作之源流看學案體裁〉，刊於《中西史學史研討會論文集》，中興大學（民國七十五年）頁 121～140。等多篇論述。

〔註 2〕另亦見陳祖武先生之專著《中國學案史》（臺北：文津出版社，民國八十三年）。陳祖武將學案體裁的溯源歸於先秦諸子、《史記》與《漢書》的發凡起例和佛教典籍的影響三方面。而在其建構學案體裁的發展過程當中，以朱熹《伊洛淵源錄》作爲首位，次以《聖學宗傳》與《理學宗傳》繼之，再其次就爲《明儒學案》與《宋元學案》，最後以《清儒學案小識》與《清儒學案》二本作爲結尾。

過程當中，黃宗羲《明儒學案》的寫作完成，更可以視爲替後世以「學案」之名爲書寫體裁所開創出的一個典範。梁啓超在其《中國近三百年學術史》中，甚至以中國之「第一部學術史」稱之。〔註 3〕而黃宗羲後繼寫作之《宋元學案》，〔註 4〕更是在《明儒學案》既有基礎之上，將書寫體例及論述範圍作更全面深入的探討和發展。因此，《宋元學案》不論是在體例或課題選擇上，均較《明儒學案》更爲廣泛。然而《宋元學案》的成書並非單憑黃宗羲一人之力所能完成，而是建立在相當長時間的編纂和投入眾多人力所能之上。對於《宋元學案》如此的成書特色而言，在目前相關的學術研究中卻並沒有得到太多的關注，針對《宋元學案》一書所發表的研究論著，在海峽兩岸的學術研究發表作品當中更屬少見。在已發表的研究論著當中，大部份是針對其中某些學案案主的學術思想進行研究，專門對於編纂者以及各編纂版本間相互關係所作之研究論述則顯得相當缺乏。除上述諸人外，目前所見的專門性著作，似僅見吳光先生之《黃宗羲著作彙考》中的幾篇論述，其中吳氏又以能親見多種《宋元學案》之版本、稿本，是故對此課題能有較爲深入之分析，在幾篇論著之中殊爲少見。然而其中仍然有許多可補充和再研究討論之處。因此本文擬在此基礎之上，補充其缺漏之處，同時疏理相關資料之課題。

第二節　論文大意與撰寫旨趣

本論文之題目爲「《宋元學案》成書與編纂研究」，一般人在構思此類型題目之寫作方式時，多數會經由版本及編纂作爲論述的切入點。如此寫法雖然可以直接進入版本成書過程的課題當中，但卻容易忽略了影響此過程的關鍵點，也就是在其成書過程中所參與其中的各版本的校補編纂者。〔註 5〕在《宋元學案》如此長時間的

〔註 3〕 見梁啓超《中國近三百年學術史》（台北：台灣中華書局，民國六十九年），頁 48。金毓黼認爲：「黃宗羲撰《明儒學案》六十二卷，而吾國乃有眞正之學史」《中國史學史》（台北：鼎文書局，民國六十六年），頁 243。西方學者司徒琳對此頗有商榷，認爲此係範疇設置之故，認爲梁氏試圖透過對以西方學科（如制度史、文學史、藝術史）的範疇取代傳統歷史學的範疇。而李紀祥師對於「學案體」與「學術史」之間的「傳統/近代」之縱向脈絡，亦有過探討，見其〈漢學與師承：江藩《國朝漢學師承記》研究〉，《道學與儒林》（台北：唐山出版社，2004 年）。

〔註 4〕 現行《宋元學案》刊本種類頗多，主要可分爲改編與未改編二類。未改編本主要是依據馮雲濠、王梓材與何紹基於道光二十五年之刊本爲底，本文即以此未改編本作爲論文底本。然此未改編本之刊版型制亦多，故選擇較爲通行之由台北：中華書局所出版之《增補宋元學案》（民國七十三年）作爲論述底本。此本係依據《四部備要》本所刊行，內有「中華書局據清道光道州何氏刻本校刊」字樣。

〔註 5〕 本文所稱之編纂者，係指參與《宋元學案》一書之編纂、校補、鈔錄，甚至於稿本

編纂時程中，這些編纂者在其中扮演著不同的編纂角色，對於《宋元學案》的成書，他們都有相當不同程度上的貢獻。在現今相關研究論著中，絕大部份之議題均集中於某些學案案主的學術思想上，對於《宋元學案》本身編纂版本的論著，則少有提及，對於編纂者的綜合性論述，則更可說是相當的貧乏。

編纂本身並無一定的形式規則可言，往往視各編纂者對其編纂時所遭遇到的內在因素與外在環境所體現出的反應。〔註 6〕儘管可影響的要素很多，但統而言之，都離不出下列四種形式：1. 一人一時之作、2. 一人長時之作、3. 多人一時之作、4. 多人長時之作。《宋元學案》一書的編纂，即屬於第四種多人多時的類型。〔註 7〕雖然《宋元學案》的成書時程頗長，對於成書期間的專門研究論著也不多見，但自《宋元學案》成書後的各種刊行版本，卻變的非常眾多，同時在成書過程中所形成的版本亦相當複雜。本文將編纂者的研究作爲論文論述的起點，主要著眼於《宋元學案》一書在其成書過程中，所產生出的版本傳藏與鈔錄的過程相當複雜，但這樣的複雜卻又是決定《宋元學案》成書的基礎。在這樣的基礎上，版本論述就顯得相當重要。惟如此的複雜度，卻無法單純藉由版本的論述所可以完整的釐清。版本還是要靠編纂者的編纂才能產生，同時各編纂者間相互複雜之關係也就各自代表其所編纂之版本間的相互關係因此，在進入版本論述之前，先行將編纂者間之相互關係，作一全盤性的建構，除了方便瞭解各版本產生的過程之外，對於解決諸多版本編纂流傳上的疑點，亦是有相當的助益。

現今所存最早對《宋元學案》進行考證的著作，當屬王梓材與馮雲濠二人在《宋元學案》當中所撰寫的〈考略〉。〈考略〉的論述主軸是以版本作爲基礎，介紹其產生的背景，並且旁及與之相關的編纂者；因此也可以說是最早對於編纂者進行論述的考證作品。〈考略〉將版本總共區分爲下列六種：（一）梨洲黃氏原本。（二）謝山全氏修補本。（三）二老閣鄭氏栞本。（四）月船盧氏所藏底稿本。（五）樗庵蔣氏所藏底稿殘本。（六）餘姚黃氏校補本。這其中還包含了馮雲濠的五段案語以及王梓材的十段案語。這些版本的考據及成果，對於現今研究《宋元學案》的成書過程來說，

收藏和出資刊刻等不同工作性質之所有人物的總稱。

〔註 6〕內在因素包括：各人寫作方式、構思進度、文筆順暢度等。外在環境則所含範圍甚廣，小至撰寫者週遭環境、家族親友情況，大至國家社會環境等諸多因素，都會對於編纂者有所影響，從而決定或改變其撰寫論著的時程。

〔註 7〕《宋元學案》一書的始作年代已不可考。依吳光先生所推論，其最早之年代不會早於康熙二十五年（西元 1686 年），而完成的年代，以王梓材馮雲濠的第一次刊本，道光十八（1838 年），已經過一百五十二年。參吳光先生〈宋元學案補考〉一文，收於其《黃宗羲著作彙考》（台北：學生書局，民國七十九年），頁 29。下文所引此文之出處，同此版本。

是絕對不可或缺的資料。一般學界在研究《宋元學案》時，也多會將這六種版本的資料加以引用在其研究的論著上。雖然這些版本代表了《宋元學案》的成書過程，但是對於編纂這些版本的編纂者而言，他們所代表的更是《宋元學案》成書過程中的環結與步驟。而這些編纂者間相互的交誼關係，更是這些環結中的聯繫所在。在細究〈考略〉內容時可以發現，儘管當中提到了許多編纂者以及他們和版本間之編纂關係，但其主體結構還是建立在以版本作爲基礎之上，對於這些編纂者間彼此橫向的相互聯結，反而顯得頗爲缺乏，無法單就〈考略〉的內容瞭解眾多編纂者間的全盤關係。雖然這些關係看似繁瑣，卻都是使《宋元學案》得以成書的關鍵。儘管如此，學界對於這些編纂者間之相互關係所作的研究，成果卻是相當的有限。偶而出現相關的論述著作，也僅是對於當中部份「具有代表性的編纂者」作出部份的研究。〔註 8〕這樣範圍有限的論述，必然無法展示出《宋元學案》編纂過程的全部情況。雖然如此，〈考略〉依然提供了相當多編纂者的資料，以作爲其論述上的憑藉。因此，本文將先以釐清這些編纂者間之的相互交誼關係爲出發點，繼而試圖解決版本之間所產生的相關問題。

吳光先生所著《黃宗羲著作彙考》當中的〈宋元學案補考〉一文，同樣也是由「成書經過與編著人員考」作爲起始，將編纂過程依時間與工作內容，概略區分爲三個階段，即康熙時代、乾隆嘉慶時代與道光時代。這三個階段代表人物分別是黃宗羲與黃百家，全祖望與黃璋，馮雲濠與王梓材。《宋元學案》的編纂時程大致就如同吳氏所考證一般，但〈考略〉當中所提供的資料卻不止於此。單就上列六人所建構出的版本系譜而言，當中將會出現許多空缺遺漏之處，同時亦略去了具有影響之關鍵。因此，只能將吳氏的考證內容視爲《宋元學案》編纂版本的基本面貌，而並非全面性的建構。

《宋元學案》既然是由黃宗羲所著手開始編纂，因此一切參與其中的編纂者彼此間之相互關係，都是以黃宗羲作爲編纂起點而呈現發散的結構。在這樣的結構圖當中，存在有三大主要的編纂軸線，分別是黃宗羲家族、鄭溱家族以及全祖望師生等三條主軸。而在這些軸線以外，尚有許多交互在這三種關係之下的編纂者，例如楊文乾、馮雲濠、王梓材、何淩漢、何紹基父子以及陳用光等多人。雖然這些人並不如上述三條主軸般，以家族的面貌出現，但這些人對於《宋元學案》的編纂均有其不同程度上的貢獻，因此將之歸屬於第四條軸線。本文的論述即是以這四條軸線

〔註 8〕「具有代表性的編纂者」，係指在《宋元學案》編纂者當中，其編纂之貢獻爲各編纂時期之代表，或具有相當之影響的人。一般學界都是以黃宗羲、黃百家、全祖望、馮雲濠、王梓材等五人作爲其「具有代表性編纂者」的代表人物。

作爲基礎，分別向下延伸各自的關係，並且橫向的將這四條軸線作相互連結論述，以試圖整合出所有編纂者的關係。

然而在釐清編纂者的過程當中，發現有幾點現今尙無法克服的問題存在。

第一、由於參與編纂的人數眾多，許多人的生平資料並不見於史傳與方志當中。例如在黃宗羲時參與編纂的張釆，道光十四年（西元 1834 年）參與諸緒宗校刊的李仲雲等。都只在《宋元學案》編纂的相關資料當中得見其名，其生平及參與過程則無從可考。

第二、由於《宋元學案》成書前的版本眾多，所參與的編纂者，有列名的人數就高達數十人之多，故無法將所有編纂者間之關係加以釐清。也因此是否有更多不爲人知的版本存在，將有待更多資料的發現再加以塡補本文之缺漏。

編纂者彼此間在其相互關係上所進行之編纂工作，就形成了版本的演進過程。在《宋元學案》的成書過程中，主要可以區分爲稿本與刊本二大類型，不論是那一種形式的版本，都直接影響到版本演進承接的過程，對於刊刻成書而言，更是相當的重要。但在稿本與刊本這二種類型中間，並沒有相當明確的界線劃分，在道光十八年（1838 年）《宋元學案》第一次所刊刻的定本出現前，稿本與刊本是彼此互相錯疊存在的。在刊本出現以後，才成爲穩定的版本。爲求在版本論述上的一致性及方便性，本文將這兩種不同型制的版本視爲同一種類型，作合併的論述，以方便統合處理各版本在流傳時所遭遇到的版本時間先後問題，並且統一的論述也更容易建構出一個完整的版本源流圖。因此本文第二章〈《宋元學案》成書過程中的編纂者〉，即試圖在此一前提之上，建構出一較爲完整的編纂者的系譜。

前文曾提到過〈考略〉是現存最早對於《宋元學案》版本進行考證論述的作品，所論述的基礎是建立在王梓材與馮雲濠二人在道光十八年將《宋元學案》定本刊行之前所出現的六種主要版本之上。雖然這六種版本是《宋元學案》成書過程當中的關鍵性版本，但實際在〈考略〉的內文中，所出現與版本有關，或足以形成一種版本的編纂記載，卻不止於這六種。在各版本的內文與補充案語當中，尙記載了許多立基在這些版本之上的從屬版本，還有些不成爲版本的編纂記載，這些同樣對於成書過程有著相當重要的影響力。例如在「梨洲黃氏原本」當中，便介紹了楊文乾訪書的插曲，雖然其最後並未編纂成功，但也對於黃千秋得到黃宗羲原稿的過程有相當影響。在「月船盧氏所藏底稿本」與「樗庵蔣氏所藏底稿殘本」當中，同樣記載了盧、蔣二氏後人收藏稿本的情況，雖然終不能完成編纂，但對於收藏以及之後的版本流傳上，亦造成了深遠的影響。儘管〈考略〉當中記載了許多的版本，但並沒有對於這些版本作詳細的考證工作，尤其是各版本間彼此的關聯性，更是缺乏論述。

對於《宋元學案》的成書過程而言，版本的研究是最能體現這樣的完整編纂過程。

吳光先生所撰〈宋元學案補考〉一文，對於版本部份同樣也進行了許多深入的考證工作，除了對於〈考略〉所記載之六種版本作有深入補充性之考證論述外，另外還補充了自成書之後以至今日所見刊行的十一種版本，並在其中加入許多相當具有參考價值的補充資料，因此在其文中總共列舉了十七種版本。僅管吳氏收集和論述了相當多的編纂版本，但其研究與論述形式依然是建立在將各版本作各別獨立的論述，並未將散於各處的版本作通盤性的整合。如此的論述方式，並無法有效釐清各版本產生的起源問題，亦無法建構出一完整的版本系譜。本文之論述基礎，雖然同樣是建立在〈考略〉的六種版本之上，但企圖進一步打破此六種版本間的隔閡，將各版本的發展和傳佈過程，藉由建立在釐清編纂者間相互關係的基礎上，作一全面性的建構。雖然並未捨棄以版本作爲論述，但此論述之基礎係建立在對於編纂者間之關係有一全面性建構之系譜上，如此將可以清楚的建構版本的流傳系譜。關於此議題，將在本論文第三章〈《宋元學案》成書過程中的稿本與刊本〉一章中作討論。

在建構版本之系譜過程中，必有居於核心之版本，以作爲影響決定最後之形制的版本。〈考略〉中所記載之「餘姚黃氏補本」，便是具有如此特性之版本。此版本係由黃直垕記載其祖父黃璋與其父親黃徵乂，家族三代參與編纂《宋元學案》之過程。此過程除了引發出「梨洲黃氏原本」的版本流傳問題外，同時也引出了體例編纂問題。吳光先生在其〈宋元學案補考〉一文中，將藏於浙江杭州「梨洲文獻館」之藏本稱作爲「黃璋校補稿本」，此爲以「黃璋」之名作爲版本名稱之首見。有趣的是，雖然「餘姚黃氏補本」同樣是由黃璋以降三代家族所共同參與編纂之版本，但其卻並非命之爲「黃璋校補本」，〔註9〕而是以「補本」的名義出現，這亦是頗爲值得研究的課題。雖然吳氏並未論定此份版本是否爲目前所僅見之「黃璋校補本」，但在其考證中，亦將此本以「黃璋」作爲此版本之名稱，同時此本亦是在〈考略〉當中所未提及之版本。但實際在所有版本之中，含有黃璋所校補過之版本並不止於「黃璋校補稿本」一種，若以此作爲版本命名之標準，「餘姚黃氏補本」顯然也符合如此命名之原則。因此，合於以黃璋爲名之校補本，應當並不止限於「梨洲文獻館」所藏的那一份版本。同樣在「中央研究院歷史語言研究所」當中，另外還藏有一份同

〔註9〕在《宋元學案》版本中，並無以「黃璋」爲名之版本，因此並無所謂「黃璋校補本」之版本存在。但經由黃璋校補所產生之版本，其數量不下於一種，確實有必要另定一名，用以專稱。因此，筆者在本文建構「黃璋校補本」一詞，用以泛指所有黃璋所參與編纂過之版本。

樣包括有黃璋等人所校補過的版本。〔註 10〕因此若以黃璋等人參與編纂校補所形成的版本來看，目前所得知的版本總共可以分爲四種，分別是：〈考略〉「餘姚黃氏補本」、梨洲文獻館藏「黃璋校補稿本」、中央研究院歷史語言研究所藏「黃璋校補謄清本」和浙江圖書館藏「馮雲濠、王梓材手校鈔稿本」。〔註 11〕這四種版本都是經由黃璋等人校補所產生，雖然彼此之形制及內容均不相同，卻不礙其可被統稱爲「黃璋校補本」。

「黃璋校補本」之所以如此重要，在於他是馮雲濠與王梓材校刊「百卷本」成爲定本之前，所出現最爲完整之版本。雖然此四種「黃璋校補本」在體例上及內容上，彼此都存在著相當大的差異性，但由這些差異性即可反映出部份在版本編纂上的問題，而這些問題則是互相交互在影響。首先、在此四種版本當中，雖然編纂者互有重疊，但其產生的過程則不盡相同。其次、在版本源流上，這四種版本產生的先後順序，同時也引發出體例編纂的轉變和其中的差異性。而這樣的差異性，足以影響王梓材與馮雲濠二人所編纂的「百卷本」刊本的內容。在版本的流傳上，「黃璋校補本」是居於承上啓下的地位，不但是在全祖望之後所產生出的版本，當中包含了全祖望校補的成果。其中更包含了黃氏家族與全祖望等眾人編纂的意識；而這樣的重要性，卻因爲出現了多種版本而更有論述的價值。

就編纂體例來說，四種不同版本的「黃璋校補本」，彼此存在些許體例上的差異，除了代表不同時期或階段的編纂思想之外，更代表了版本在發展上的演進過程。這些編纂的思想充分的影響後面馮雲濠及王梓材刊本的編纂，其中所見最爲顯著的部份就是對於全祖望所作〈卷首〉的編排方式。〔註 12〕對於全祖望在〈卷首〉所作的編排，表現在「黃璋校補謄清本」、「梨洲文獻館藏本」與《四部備要》的百卷本等三種版本上，都不盡相同。因此這樣的對比，表現出三種版本間體例流傳的選擇過程。同時在版本的源流圖上，不同「黃璋校補本」的產生來源，也代表同一編纂者在不同的編纂關係上所建構產生出的版本。

〔註 10〕此藏本僅有書名《宋儒學案》，並無所歸屬之版本。因此筆者於後文中將其簡稱爲「黃璋校補謄清本」。之所以命之爲「謄清本」，以其並無稿本般之劃記，亦無刊本般之規製，似爲介於稿本與刊本間之版本，故命之爲「謄清本」

〔註 11〕此本由吳光先生在其〈《宋元學案》補考〉一文中所提出，現藏於「浙江圖書館善本室」。筆者於後文將此本簡稱簡稱爲「馮王手校鈔稿本」。

〔註 12〕關於全祖望所作〈卷首〉的部份，有相當多可供論述的課題。在較爲早期如「黃璋校補謄清本藏本」的版本當中，並沒有〈卷首〉這樣的篇章出現，而是被稱爲〈序錄〉。雖然內容相近，但後世校補者所作的處理方式是不相同的。在本文第四章中將進行較爲深入的論述。

書籍編纂當中所含括的編纂體例，可說是相當的繁雜，在《宋元學案》的編纂當中也不例外。除了編纂者與版本等可以體現出《宋元學案》編纂的特色以外，透過對於編纂體例的解讀，也可以展現出《宋元學案》在編纂時的構想與旨趣。本文的論述選擇其中的「各卷編纂者題名」與「學案表」二部份，作爲編纂論述的主軸，另外旁及其餘的相關議題。

在各卷編纂者的題名上，可概略分爲固定和變動二種。固定是指出現在各卷的題名不變，可見的有下列數種：「餘姚黃宗羲原本」、「男百家纂輯」、「慈谿馮雲濠校刊」、「鄞縣王梓材重校」、「道州何紹基重刊」。而變動則是指「鄞縣全祖望修定」、「鄞縣全祖望補本」、「鄞縣全祖望次定」、「鄞縣全祖望補定」等四種由全祖望所進行的工作型式，而這四種工作型式又分別對應到黃宗羲原本所展現的版本。在這些固定與變動的題名當中，除了可以看出對於編纂工作責任分工的情況之外，同時還可以反映出版本編纂的歷程，以及這樣的分工並非同時形成，而是經歷許多時間累積的結果。在現今刊本當中，不同底本來源的版本與編纂動機，對於題名的方式也作有不同的處理。例如在繆天綬先生所選註的《宋元學案》和陳叔諒與李心莊二位先生所合編的《重編宋元學案》這二份版本，就不列編纂者的題名，〔註13〕形成了相當特別的版本。

「學案表」是另一值得討論的課題。吳光先生在其〈宋元學案補考〉一文中關於「梨洲文獻館藏本」的考證認爲，「學案表」並非黃宗羲和黃百家所發明，而是由全祖望所始創，王梓材作內容上的增補，這樣的考證當有其所本。雖然「學案表」並非自黃宗羲所始創，全祖望也並未能完成所有的「學案表」，但對於王梓材完成增補工作一事，中間似乎略去了黃璋等人的貢獻。在「黃璋校補謄清本」到「馮王手校本」的四種「黃璋校補本」中，「學案表」在黃璋等人的校補之下，有其相當可以再發展的空間。因此，在最終出現於各學案都有其「學案表」的版本之前，應該有其發展的過程。此發展過程與學案表間型制上之差異，也可看出版本編纂的過程。

《宋元學案》中的論述，主要以「宋」、「元」兩代之學派及其學術思想做爲論述範圍。然而在處理此類課題時，無可避免的會遭遇到對「宋代學術」所指涉範圍及其所代表意義的挑戰。在現今所見各《宋元學案》刊本中，絕大多數之內容與基礎都是由全祖望所確立下來，因此全氏算是當中最主要的編纂者，所編纂之內容也代表全祖望編纂時的想法。全祖望在《宋元學案》卷一〈安定學案〉的

〔註13〕繆天綬選註，《宋元學案》（台北：台灣商務印書館，民國七十七年八月）。陳叔諒、李心莊編，《重編宋元學案》（台北：正中書局，民國七十五年五月）。在此兩種刊本當中，不但省略了署名者，連王梓材與馮雲濠之案語也一併作刪減的動作。

「卷首」部份，〔註 14〕使用了「宋世學術」這樣的詞彙，不單是代表其對於所建構出的「宋代學術」學案的企圖，更是反映出其對於「宋代學術」內涵的理解。在討論「宋代學術」的著作當中使用這樣的詞彙，如果沒有被後世編纂者作修改或是下註意見評論，代表其所理解和建構出的「宋世學術」的觀點也受到其餘參與編纂者的認同。因此由「宋世學術」這樣的詞彙作爲理解《宋元學案》的編纂旨趣的起始，是個相當值得研究的方向。

在進入全祖望的「宋世學術」之前，首先必得處理關於「宋學」所指爲何的論述。現今對於「宋學」的內涵，一般都是將其與「理學」作等同的處理。但實際在當時的學界當中，並非都將「宋學」與「理學」二者視作爲相互等同的學術。相反的還出現「道學」、「道統」等不同對於其各自所理解的「宋學」的稱呼。因此，本文即試圖藉由建構這些名詞來理解全祖望所處理的「宋世學術」所指爲何。此外在《宋元學案》當中，最重要的就是學術系譜的建構，而建構之關鍵就在於首卷的確立。全祖望在〈安定學案〉的卷首案語當中所書寫的「宋世學術」一詞，除代表了其對於系譜建構之構想外，亦代表其對於「宋世學術」的理解。因此在本文第五章當中，即試圖藉由理解全祖望的「宋世學術」，進而引伸至其編纂《宋元學案》之心態。

〔註 14〕全祖望原本並無寫作〈卷首〉，乃王梓材與馮雲濠兩人所別立的卷次。關於此課題將在第四章第三節中作討論。

第二章 《宋元學案》成書過程中之編纂者

《宋元學案》作爲記載宋、元二朝之學術發展、各學派學術特色以及師門學術傳承之一部「學術」總集，〔註 1〕其一般學界在學術性引述中，卻通常是「知其然而不知其所以然」。對其中的學術思想及時代意義均投入甚深，但對於這部書所產生之版本及流傳上，便少有深入之研究論著，其中針對參與經歷《宋元學案》編纂的「編纂者」所進行之研究則更爲少見。

一般在論及《宋元學案》編纂者時，大部份都是就其中如黃宗羲或全祖望等「具有代表性的編纂者」來作爲《宋元學案》編纂的代表。而這些「具有代表性的編纂者」，並沒有一個特定的選取標準，在人數和人員名單上也並未得出共同的結論，反而在不同的情境與取捨下，會出現不同排列組合的版本，人數分別由一至五人不等的多種不同論述。〔註 2〕

在《宋元學案》漫長之編纂歲月中，實際參與纂修之人數決不如一般通論性文章所列那般寥寥數人而已。就實際之情況而言，曾經直接或間接參與《宋元學案》稿本編纂之人數，可說是數倍於此。顯然只在書名之下署上「黃宗羲、全祖望、王梓材」等，是無法含括所有《宋元學案》之編纂者，亦無法充份的反映出《宋元學

〔註 1〕 關於學案爲何種性質的書，係「史學書」抑「理學書」，陳錦忠先生在其〈黃宗羲《明儒學案》著成因緣與其體例性質略探〉（收於《東海學報》，第 25 卷，1984 年，頁 111～139。）一文中認爲：「梨洲此書之作，主要的用意乃在述明儒之學，甚至是爲講學而作，作史作傳均爲餘事」。而劉述先先生在〈黃宗羲心學的定位〉（收於《黃宗義心學的定位》台北：允晨出版社，民國七十五年，頁 120。）一文中認爲：「《明儒學案》爲黃宗義所編纂之中國第一部大規模的思想史」。

〔註 2〕 在學界論述《宋元學案》時，以一人爲代表者，通常就黃宗羲或全祖望之中擇一。如以二人爲代表者，常將黃氏與全氏並列。如以三人爲代表者，於黃、全二氏之外，另加黃氏之子黃百家。如以四人爲代表者，於黃氏二人、全氏之外另加王梓材。如以五人作爲代表者，於黃氏二人、全氏、王氏之外，另加馮雲濠。

案》在這些編纂者們努力之下的編纂過程，當然更無法幫助釐清《宋元學案》在編纂過程中所產生之諸多版本彼此間之關聯性。也因爲參與纂修之人數眾多，各類型編纂者所參與編纂的機緣和內容也不盡相同，除了專門進行版本考究之研究專論外，一般研究學者無須加以區別這些編纂者間之關係，也不必將所有參與過纂修的人物詳列於他們的著作當中，如此將佔去相當的文章篇幅在釐清些編纂者的關係之上，從而使得原本所欲討論的焦點模糊化。

王梓材與馮雲濠兩人在《宋元學案》中所撰寫之〈考略〉，是目前現存最早對於《宋元學案》在刊刻成書前所見之各種版本進行總整理的一篇重要文獻。當中除了版本論述之外，亦記載了相當數量之編纂者，並對其進行概要性的論述。〈考略〉的內容可區分爲「正文」和「案語」兩大部份，正文是針對版本的內容所作的一個基礎性介紹，而案語則是附在正文之後，另外所附加用來補充說明正文內容的資料。在檢視〈考略〉內容後可發現，案語部份所佔之篇幅超過正文，並且就其所提供之內容資料，亦較正文來得豐富。以此可看出王梓材與馮雲濠兩人，對於〈考略〉部份之撰寫，花費了相當大之精神，期望藉由正文和案語二者相互之表達，建構出《宋元學案》完整之版本和成書過程。

在〈考略〉中所提出的六種版本分別是：

一、梨洲黃氏原本

二、謝山全氏修補本

三、二老閣鄭氏栞本

四、月船盧氏所藏底稿本

五、樗庵蔣氏所藏底稿殘本

六、餘姚黃氏校補本

雖然〈考略〉之內容較偏重於版本區劃和介紹，但在版本成立之前，最重要之要件是要有編纂者，沒有編纂者之編纂，是不會有版本之產生。不同的編纂者，依其各自對於原作之理解和方法進行編纂，才會形成許多具有差異性之版本。〈考略〉中較爲偏重於考察《宋元學案》刊刻成定本前所出現過之版本，對於各直接或間接參與諸版本之編纂者亦有所提及。近人吳光先生在其《黃宗羲著作彙考》一書中的〈宋元學案補考〉一文，也針對〈考略〉部份作了資料上的補充和整理。但其對於各編纂者間之相互關係，由於其論述主軸似不在於此，所以並未深入加以著墨。其論述方式依然是建立在已知版本作爲論述基礎，並未加以整合成一完整的版本系譜。〈考略〉中之內容，除了記載這六種版本之特色外，更爲重要的是它記載了在這些版本產生過程中所參與過之編纂者。這六種版本的產生，主要是要靠編纂者之編纂，沒有編纂者之投入，是無法憑空出現任何一種版本。因此，編纂者間相互之關係，也同時反映出了版本間相互之關聯性。而在〈考略〉當中，僅對於這些版本間的源流，作了各別基礎概念上之說明，但對於編纂者之間彼此關係的論述則顯得較爲不足。若有提及的部份，也都分散於各版本之中，呈現出各自論述的情況，並未有一個統合性的整理出現，主要還是以版本論述爲主。這在具有學術統合作用的「學案體」中，無疑是一種缺憾。因此在進行版本流傳研究之前，先行釐清編纂者間的相互關係。如此在對應到版本的發展上，會更清楚瞭解各種版本的產生背景與相互關聯。

《宋元學案》中各編纂者間之關係可說是相當之複雜，若採綜合論述則易顯得紛亂無章，這是在行文時所遇到之難題。因此筆者認爲將與《宋元學案》成書有關聯之人，依其特性先行粗分爲四大類，即黃宗羲家族、全祖望師生、二老閣鄭氏家族以及各自成脈等四大類。以期能在此種方式之下，釐清《宋元學案》在成書過程中各類編纂者的參與情況。

第一節　黃宗羲家族之參與

《宋元學案》的始創者既然是黃宗羲，不論是對於日後各種編纂之版本，亦或是眾多之編纂者而言，黃宗羲都是所有關係的發散源頭所在。因此在〈考略〉當中，自然將黃宗羲所作之原本視作爲日後各種版本之始而置於首位。在〈考略〉中「梨洲黃氏原本」部份，開頭即引述了全祖望所寫之〈梨洲先生神道碑〉：

> 全謝山吉士爲〈梨洲先生神道碑文〉云，……晚年於《明儒學案》外，又輯《宋儒學案》、《元儒學案》以志七百年儒苑門户。〔註3〕

全祖望替黃宗羲所作之碑文，正可視作爲替《宋元學案》在其漫長編纂歲月中所尋求之開端，而此開端被全祖望所強調是黃宗羲在其晚年開始著手進行；並且是在完成《明儒學案》之後著手進行之編纂活動。〔註4〕既然是在黃宗羲晚年才開始著手

〔註3〕《增補宋元學案》，冊一，〈考略〉「梨洲黃氏原本」，頁1。〈梨洲先生神道碑文〉，收於《全祖望集彙校集注》（上海：上海古籍出版社，2000年），〈鮚埼亭集〉卷十一，頁212。下文所引此書，同此版本。〈梨洲先生神道碑文〉，爲全祖望應黃宗羲孫黃千人所請而作：「乃因公孫千人之請，捃摭公遺書，參以行略，爲文一通，使歸勒之麗牲之石，並以爲上史局之張本。」此處所引全祖望將《宋元學案》一書分稱爲《宋儒學案》和《元儒學案》兩本，關於此課題將於後文第三章第二節〈《宋元學案》之定名問題〉中討論。

〔註4〕關於黃宗羲何以先有《明儒學案》而後有《宋元學案》之問題，錢穆在其《中國史學名著》第八講〈黃梨洲的《明儒學案》、全謝山的《宋元學案》〉（台北：三民書局，

進行寫作，因此就黃宗羲老年時的精力來說，不太可能只憑黃宗羲一人之力進行撰寫。馮雲濠在〈考略〉中對「二老閣鄭氏栞本」所寫的案語，說明了黃宗羲的季子黃百家參與編纂《宋元學案》的情況：

> 雲濠謹案：梨洲先生爲《宋元學案》，未及成編而卒。二老閣鄭氏校刻梨洲先生《宋儒學案》卷十七標云：男黃百家編，門人楊開沅、顧諟分輯。知當時分任者不一人。而爲之編輯者，實梨洲季子百家、字主一，號耒史者，故主一案語較多於梨洲。〔註5〕

馮雲濠考證的依據爲《宋元學案》卷十七〈橫渠學案上〉中所標示之編纂者姓名。可以明顯的看出，在其編纂者的署名上，並非只有黃宗羲一人，同時和黃宗羲共同進行《宋元學案》編纂工作並且留有署名的，還有其季子黃百家，〔註6〕以及門人楊開沅和顧諟。〔註7〕馮雲濠在案語中所強調的重點在於，黃宗羲「未及成編而卒」和其季子黃百家「主一案語較多於梨洲」這兩個方向。其實這兩點可以說有其因果關係在。依馮雲濠之見，雖然黃百家與黃宗羲同時投入於《宋元學案》編纂，但黃百家所投入顯然較黃宗羲要更爲之深入。起因就在於黃宗羲晚年才著手進行《宋元學案》之編纂，並且「未及成編而卒」，使得編纂工作偏落在黃百家身上。因此就《宋元學案》之編纂來說，黃百家所參與之程度無疑較黃宗羲要更爲深入，也造成黃百家的案語數量會較其父黃宗羲來的更多。

筆者以爲在此段引文中，馮雲濠重點除了論述關於黃百家參與《宋元學案》的編纂問題上，另外還有一值得注意之焦點，就是在於「知當時分任者不一人」這句話上。馮雲濠這番話是以後人之角度去檢視過往《宋元學案》編纂之情況，在馮雲濠之前的版本，可說皆已成定局，而馮雲濠亦是參與在這漫長編纂歲月當中的一員。馮雲濠此語，除了反映出過往《宋元學案》編纂之情況外，同時也可視作爲對其自身參與經歷所作之描寫。實際參與《宋元學案》編纂的人數，必定大於現今一般所認知的「具有代表性的編纂者」的人數。同樣的情況也顯現在《宋元學案》的案語中，執筆寫入案語的人數，實際上大於一般學者所列出的「具有代表性的編纂者」

2003 年 11 月，頁 263）一文中認爲：「黃梨洲在寫完了《明儒學案》之後，接著又想寫《宋元學案》，因爲明代理學都跟宋代來，他們所討論的也多是宋代人討論下來的問題。」

〔註 5〕《增補宋元學案》，冊一，〈考略〉，「梨洲黃氏原本」，頁 2。

〔註 6〕黃百家字主一，號耒史。黃宗羲之季子。生於明思宗崇禎十六年，卒於清聖祖康熙四十八年（西元 1643～1709 年）。

〔註 7〕在目前所見《宋元學案》之刊行本當中，以各卷寫有案語的人物以及數量來作統計（參見附表 10），除了黃宗羲、黃百家、全祖望、楊開沅、顧諟、王梓材、馮雲濠等被馮雲濠所提過的編纂人物以外，另外還包括了沒有被提到的張采一人。

8. 大和元年至七年，先以大理寺卿召還，三年爲京兆尹；四年出爲桂管觀察使；五年轉爲嶺南節度使。七年三月卒。（同前）

夢鷗先生並考證李諒之生活、思想，另立一小節，題名〈李諒生活思想與續錄內容之比較〉，以李諒之生活思想與續錄內容一一比勘，若合符節。但先生後來改訂「李諒即李復言」之說，〈玄怪錄及其後繼作品辨略〉（下）一文云：

然此一李復言，名諒：既不以字行，當不致獨以姓字與《續錄》相結也。抑且其人雖能詩（《唐詩紀事》有專條），然尤富於吏才。《兩唐書》縱未爲之立傳，但其仕途亨通，似亦無暇及此；況《續錄》篇中尚蘊藏若干窮書生之怨嘆，亦非李諒字復言者所宜有。曩日曾持此說，今自改訂，附誌於此。（《唐人小說研究》四集，頁48）

先生此處改訂之言，有二處似猶可議論：

一、唐代傳奇作家於仕宦之後仍繼續創作小說者，所在多有，羅聯添先生曾歸納許多重要傳奇作品之寫作年代，發現絕大多數爲作者撰寫於既第進士或進入仕途以後。其說亦多採用夢鷗先生之研究考證成果，今引錄其所列圖表如下：（見羅著〈唐代文學史兩個問題的探討〉）

傳奇名稱	作　者	作者登第年	寫作時代	備　　考
李娃傳	白行簡	憲宗元和二年（807）	約元和六年（811）	王夢鷗〈李娃傳寫成年代的商榷〉中外文學一：四
南柯太守傳	李公佐	德宗貞元十一～十三年（795～797）	元和中（806～820）	王夢鷗唐人小說研究二集頁49、55
霍小玉傳	蔣　防	元和四年（809）	元和三年	同上，頁59
枕中記	沈既濟	明經出身	德宗建中末～貞元初（783～785）已入仕途	同上，頁46
周秦行紀	韋　瓘	元和四年（809）	宣宗大中末（859）	同上，頁77、79
柳氏傳	許堯佐	貞元六年（790）	貞元末或元和初	同上，頁84、85
異夢錄	沈亞之	元和十年（815）	元和十年	同上，頁100～104
湘中怨解	同　上	同上	元和十三年（818）	同上，頁104
秦夢記	同　上	同上	文宗太和初（827～828）	同上，頁105
鶯鶯傳	元　稹	貞元十七年（801）試進士不第	約貞元二十年（804）	陳寅恪《元白詩箋證稿》頁10
長恨歌傳	陳　鴻	元和元年（806）	元和元年以後	歌作於元和元年十二月

卞孝萱先生亦謂：

> 元稹撰《鶯鶯傳》時爲校書郎；白行簡撰《李娃傳》時爲監察御史；韋絢編《戎幕閒談》時爲李德裕巡官；裴鉶編《傳奇》時爲高駢從事。唐代文人于仕宦之后繼續創作（或編輯）小說者很多，李諒是其中之一。（《江海學刊》十期，頁47）

李諒是否創作小說，此處暫可不論；此地僅就先生「仕途亨通，似無暇及此」一言提出疑問，仕途亨通與否，與文人創作小說，似無多大關連。

二、李諒與元、白唱和，元、白二公皆直書其字於題中，如「再酬復言和前篇」、「再酬復言」、「酬復言長慶四年元日郚齋感懷見寄」（並見《元氏長慶集》卷二十二），何以言其「不以字行」？且如前述卞先生之說，唐人撰寫（或編輯）小說亦頗以字號署名，倘李諒以姓字署其所作小說，亦未必不可能。

雖然，《續玄怪錄》之作者並非李諒，則確屬實情，其理由爲：

一、卞先生所持之根據，前三條皆爲推論，只可作爲旁證；所以爲「最有力的證明」者，爲《續錄》作者自記之行蹤與李諒事迹相合：即〈張質〉篇末言作者元和六年爲彭城縣令，合於〈李諒除泗州刺史……制〉所載「自澄城長，訖尚書郎，中間又再爲州牧，三宰劇縣」，卞先生殆以爲此「三宰劇縣」，三縣之一即爲彭城縣歟？又〈尼妙寂〉篇末作者自言太和庚戌歲遊巴南，此時李諒將赴任桂管觀察使，故卞先生推論諒由長安赴桂州，曾「遊巴南」。可知此二條證明仍只是卞先生之推斷而已，並無一言半字可相印合，實離「最有力的證」尚遠。而原書〈錢方義〉篇，作者亦自記行蹤云：「大和二年秋，……求歧州之薦」，由前述已知李諒大和元年至七年，先以大理寺卿召還，三年爲京兆尹，以此時之祿位，豈有「求歧州之薦」之理，可見《續玄怪錄》作者自記之行蹤，未必與李諒之事迹相合。

二、原書〈李紳〉篇（《廣記》卷四八，四卷本未收）開首云：「故淮海節度使李紳」。稽之《兩唐書》及《通鑑》，李紳卒於會昌六年（846），此時距李諒之卒（833），已有十五年矣，李諒能於地下撰爲此文乎？

三、原書〈麒麟客〉篇，開首云：「麒麟客者，南陽張茂實家傭僕也，茂實家於華山下，大中（《廣記》卷五十三作大中初）偶遊洛中」（四卷本卷一頁十一），李諒卒於大和七年，至大中初，蓋其棄世已十六年矣。

四、《續玄怪錄》爲續牛僧孺書，作者之年輩亦必在牛僧孺後方爲合理，考牛僧孺之生卒年爲西元七八〇～八四八（杜牧〈牛公墓誌〉稱牛僧孺大中二年卒，享年六九），登進士之年爲貞元二十一年（依《舊唐書・李宗閔傳》）；李諒之生卒年爲西元七七五～八三三，登進士之年爲貞元十六年（見前文），以二人之生卒年與仕宦情

此馮雲濠在案語的起頭處介紹黃璋與黃徵乂父子，就可視作爲對於黃直垕〈跋〉語的補充。另外對於黃璋與黃徵乂校補《宋元學案》的精神，馮雲濠使用的是「拳拳於《學案》」這樣的用語，可見黃宗羲的五世孫到七世孫黃璋、黃徵乂和黃直垕等祖孫三代對於《宋元學案》校補工作的深切態度。另外還有一個值得注意的現象，依照黃氏族譜來看，黃宗羲雖然是黃璋的先祖，但是黃璋和黃百家並不是屬於同一房的直系親屬。黃宗羲所未完成的《宋元學案》是與其季子黃百家所一同纂寫，但是這工作到了黃宗羲五世孫處，卻是由黃宗羲長子黃百藥一房的子孫黃璋所承繼。這樣在不同房的親屬之間，卻對於校補完成《宋元學案》有著相同的志向。以此來推論，黃宗羲所未完成的遺志似乎成爲家族中一個共同所要完成的使命了，因此才會跨越如此多代子孫，並且結合了不同房之間的聯繫。

第二節　二老閣鄭氏家族之參與

在前文曾引過部份〈考略〉「二老閣鄭氏栞本」中的案語來說明黃百家和《宋元學案》的編纂關係，其「二老閣」的產生，則又和黃宗羲有密切的淵源。馮雲濠在〈考略〉「二老閣鄭氏栞本」的案語部份，寫出了對於「二老閣」的介紹：

> 雲濠謹案：〈序錄〉與第十七卷，並標後學全某續修，鄭大節、毛德基校。鄭即二老閣後人南溪先生之子也。南溪之父爲高州太守寒村先生梁，世家吾邑鸛浦。南溪受學于梨洲，其父秦川先生溱，與梨州友善，隱居相與論學，故名其藏書之室爲二老閣云。〔註15〕

馮雲濠在此用的是倒敘之書寫筆法，由鄭大節開始依父子關係逐層上述。分別爲其父鄭性、大父鄭梁和曾祖父鄭溱。而由馮雲濠對於「二老閣」所作之介紹，可看出「二老閣」中的「二老」所指即是黃宗羲和鄭溱倆人。〔註16〕基於二老在生前彼此相當友好的關係，並且鄭溱之子鄭梁亦師事於黃宗羲，因此鄭梁在離世前才會有遺命於鄭性，要其蓋「二老閣」以紀念二老的遺願。〔註17〕但馮雲濠這樣的解釋似乎尚嫌不足，全祖望在〈二老閣藏書記〉中作出了類似之描述：

> 鄭氏自平子先生以來，家藏亦及其半，南溪乃於所居之旁築二老閣以貯之。二老閣者，遵府君高州之命也。高州以平子先生爲父，以太沖先生爲師，因念當年二老交契之厚也，遺言欲爲閣以並祀之。南溪自五嶽還，

〔註15〕同上引書，「二老閣鄭氏栞本」，頁3。
〔註16〕鄭溱字秦川，浙江慈谿人。生於明神宗萬歷三十九年，卒年不詳（1612～？）。
〔註17〕鄭梁字寒村，慈谿鸛浦人。生於明崇禎十年，卒於清康熙五十二年（1637～1713）。

閣始成，因貯書於其下。〔註18〕

綜合上兩段引文可以疏理出，「二老閣」興築的動機是因鄭性遵從其父親鄭梁之遺命所興築而成。〔註19〕而鄭梁之所以會有此遺命，乃是因爲感念其父親鄭溱與老師黃宗羲二人之深厚交誼，特別在辭世前遺命給鄭性，在其宅第旁立祠以紀念二老。鄭性遵從其父親的遺命，在宅第旁築「二老閣」以作爲專門祭祀二老和收藏二老們藏書之所。在全祖望與馮雲濠兩人的記載中，共同的列出了鄭氏家族中鄭溱、鄭梁、鄭性和鄭大節等直系四代的人物，〔註20〕黃氏和鄭氏彼此家族間之交往關係至少有四代之久，交誼可說是相當的深厚。全祖望在其〈五嶽遊人穿中柱文〉當中，更進一步地提到鄭氏家族和黃氏家族間之關係：

遵府君高州欲立祠家以祀南雷而不果，先生成其志，築二老閣於所居之東，以祀南雷及王父秦川觀察。春秋仲丁，祭以少牢，黃氏諸孫及同社子弟皆邀之與祭，使知香火之未墜也。〔註21〕

「二老閣」原本之興築構想，只是單純起因於鄭梁感念二老所起，而由鄭性所承繼並且完成。因此就「二老閣」原本之功能來說，係單純作爲祭祀鄭溱與黃宗羲二老之用，收藏二老之藏書只是其附加之用。全祖望在文中所寫出「黃氏諸孫及同社子弟皆邀之與祭，使知香火之未墜也」的這段話，卻又充分反映了「二老閣」地位之轉變，不再只是鄭氏家族專有之祠堂，轉變而成爲鄭氏與黃氏二家族所共有之祠堂，轉變之關鍵就在於「黃氏諸孫及同社子弟皆邀之與祭」上。由於「二老閣」同時共祀黃宗羲與鄭溱兩人，若非黃氏子孫若同意此一安排，並且參與鄭氏家族所共同舉

〔註18〕 全祖望撰，朱鑄禹彙校集注，《全祖望集彙校集注》（上海：上海古籍出版社，2000年），中冊，頁1063。下文所引書同此版本。

〔註19〕 鄭性字南溪，號五嶽遊人。鄭梁之子，生於清康熙四年，卒於清乾隆八年（1665～1743）。

〔註20〕 在鄭氏家族四人當中，鄭梁與鄭性父子二人皆直接受業於黃宗羲，因此對於黃宗羲未竟之志就有如師命一般的重視，在適當的機會下會有代其完成遺願的理由在。「二老閣」的興建便是其中的一種反映。然而對於鄭性而言，其早年雖以黃宗羲爲師，但晚年卻走向潘平格之學，黃氏與潘氏二人之說素來互不相容。因此對於鄭性而言，常會懷疑其對於黃宗羲之學的前後態度是否影響到「二老閣」的興築或是收羅典藏二老的遺著。全祖望在〈五嶽遊人穿中柱文〉當中提到：「顧或疑先生之學不盡合於南雷，以爲南雷當日雖與二氏多還往，而於其學則攻之甚嚴。……南雷最斥潘氏用微之學，嘗有書爲萬徵君季野駁之，凡數千言，而先生於用微『求仁』宗旨，許爲別具隻眼。南雷《汰存錄》之作，言明史者皆宗之，而先生言其門户之見尚未盡化。……先生講學，其泛濫諸家，不無軼出於黃氏範圍之外，而其孤標篤行，持力之嚴，則依舊師門之世嫡也。」以全祖望所言正可以用來解釋鄭性對於黃宗羲之學的態度，雖然有所批判，但也不因此影響到對於崇祀鄭溱以及黃宗羲二老的行爲。

〔註21〕 《全祖望集彙校集注》，上冊，《鮚埼亭集》卷十一，頁376。

辦之祭祀活動，否則黃氏家族在面對「二老閣」祭祀黃宗羲之舉上，是否承認其合法性尚有待商榷；同時也由受邀參與家族祭祀活動可看出，鄭、黃二氏家族之間彼此有相當密切的交誼關係。

在楊文乾訪求《明儒學案》與《宋元學案》刊刻的插曲中，〔註22〕居中扮演聯絡角色的，就是黃宗羲的孫子黃千秋與鄭性二人。以此更可看出黃氏家族與鄭氏家族間之交誼，由黃宗羲與鄭溱起算最少已維持至第三代子孫間。若非二家族間還維持著相當的交往聯繫，胡泮英訪求的過程將更爲曲折。至於全祖望呢？他同樣也與這二大家族間保持著相當程度之交往，也使全祖望有機會受邀參加「二老閣」的落成儀式，同時也經歷對「二老」祭祀的活動，也因此全祖望才得以寫下〈仲春仲丁之鸛浦，陪祭梨洲先生〉這首詩。也因而全祖望才會知道「二老閣」興築的由來與祭祀活動，並對於「二老閣」之座落「築二老閣於所居之東」才有所瞭解。

第三節　由全祖望所開展出之編纂者

關於全祖望參與《宋元學案》之編纂，在第一節文中已有所論述。那全氏是如何投入於《宋元學案》的編纂工作當中呢？全祖望自許其爲私塾於黃宗羲的弟子，對於黃宗羲學術之內涵鑽研頗深，因此有志於投入黃宗羲遺著編纂工作之動機是可以理解的，只是對於其所參與之時機，並無較爲明確之記載。在董秉純所編輯之《清全謝山先生祖望年譜》中，雍正十一年（1733年）條，有間接指出其編纂之記載：

> 雍正十一年癸丑，先生二十九歲，居京師紫藤軒，與李臨川先生論陸氏學案，凡四上書。〔註23〕

這似乎是全祖望接觸「宋世學術」最早之記載。〔註24〕而在《清全謝山先生祖望年譜》中最早出現全祖望編纂《宋元學案》之記載，則是在乾隆十一年（1746年）條所記：

> 乾隆十一年丙寅，仍錄《耆舊詩》，兼修南雷黃氏《宋儒學案》。……舟中取南雷黃氏《宋儒學案》未成之本，編次序目，重爲增定。……夏過維揚再館馬氏畬經堂編纂《學案》。〔註25〕

〔註22〕關於楊文乾訪書一事，將在本章第四節及第三章分別進行論述。

〔註23〕王雲五主編，（清）史夢蛟撰，《清全謝山先生祖望年譜》（台北：台灣商務印書館，民國67年。），頁21。下文所引此書者同此版本。

〔註24〕「宋世學術」一辭，爲全祖望在《宋元學案》〈總目〉以及〈卷首〉部份所使用的名詞，代表全祖望對於「宋學」系譜建構上的一種理解。此部份將在本文第五章另作處理。

〔註25〕（清）董秉純撰、史夢蛟校、（民）王雲五主編，《清全謝山先生祖望年譜》，（台北：

文中可見全祖望當時並未全意於《宋元學案》之校補，而是同時間進行數個編纂之工作，但依然可看出全祖望至遲在乾隆十一年時，已然進行了《宋元學案》校補之工作。在其〈仲春仲丁之鸛浦，陪祭黎洲先生〉一詩中，全氏自述其參與《宋元學案》纂修之時機：

> 《宋元儒案》多宗旨，肯令遺書嘆失傳。時臨之屬予續成先生《宋元學案》。〔註26〕

上二處引文，可說是分別對於全祖望接觸《宋元學案》編纂工作有最早最直接之記載。〔註27〕依其內容來看，〈仲春仲丁之鸛浦，陪祭黎洲先生〉所描述的是全祖望參加二老閣祭祀的活動，其所記載之內容顯然較《年譜》之描述要來得早。可見全祖望是先行透過黃宗羲的孫子黃千秋所託囑，進行《宋元學案》之編纂，然後才有陸續之編纂記載。此外，全祖望與二老閣鄭氏家族間之交往，大約發生在其十五歲之時。在全祖望年譜康熙五十八年（1719年）中寫到：

> 五十八年已亥，先生十五歲。
>
> 里中耆英多與先生談藝。一日，慈谿鄭南溪先生過吟園，曰：吾今日特訪陳羣而來。〔註28〕

吟園先生是全祖望的父親。〔註29〕鄭性過而與吟園語，可見鄭性與全氏家族在某種程度上是保持著相互的交往聯絡，因此此條應該可以解釋成是全祖望和鄭氏家族作接觸的第一次。由上來看，黃千秋與鄭性約爲同輩，全祖望則爲其二人晚一輩之晚輩。

由全祖望作爲起始所引發之編纂者，在數量上可說是相當可觀，他的弟子們在其中更扮演著傳承其志的角色，盧鎬便是其中相當重要的一員。馮雲濠在〈考略〉中介紹盧鎬進入文本時，是以第三者黃璋與盧鎬間深厚之交誼來作爲盧鎬之介紹語。其寫作筆法可謂相當特別，若非他們彼此間之交誼足以用來引證，不然以此筆法，反倒得另闢篇幅在說例之上，那就易偏離原本撰文之主軸，顯然他二人之交已爲當世所熟知。雖然在〈考略〉中「月船盧氏所藏底稿本」之排版較「餘姚黃氏補

臺灣商務印書館，民國六十七年），頁33。

〔註26〕《全祖望集彙校集注》，下冊，《結埼亭詩集》，卷四，頁2117。黃千秋字臨之，黃宗羲孫，其生卒年不詳。

〔註27〕關於這二處引文所引發的課題，將在第三章作處理，此處僅點出全祖望參與《宋元學案》編纂的時機點。

〔註28〕（清）董秉純撰、史夢蛟 校、（民）王雲五主編，《清全謝山先生祖望年譜》（台北：臺灣商務印書館，民國六十七年六月）。

〔註29〕全書字贈公，號吟園。全祖望之父。其生卒年不詳。

本」爲早，讀者已先行知道月船盧氏所指即是盧鎬。〔註30〕但以此二人之關係，實足以用爲佐證其後之版本所述之正當性。王梓材在「月船盧氏所藏底稿本」之案語部份，對盧鎬參與《宋元學案》編纂的原因，有所交待：

> 梓材謹案：謝山先生卒，其書多歸同邑抱經樓盧氏，《學案》之稿亦雜入其中。月船先生字配京，乾隆癸酉舉人，抱經之宗子而謝山之高弟也。任平陽學諭，卸篆歸，特取《學案》於抱經宗人，而稿已不全，因手錄之。謄寫者半，未及謄寫者半，而月船又卒，其稿與謄本蓋庋藏于月船家者已八十年。始月船外孫黃支山孝廉桐孫，嘗以是本攜至安徽康中丞節署，徧訪皖江諸子，謀完是書，未果。中丞移節廣東，又訪粵海諸子，亦未獲克任校釐者。〔註31〕

由上引文顯示出，全祖望在過世之後，其所撰諸書及未成之稿本，大部份都歸之於盧文弨所藏。而盧鎬即是盧文弨之宗子，同時又是全祖望之弟子，此種師生及家族關係就成爲盧鎬參與《宋元學案》編纂之最直接因素。全祖望自許其私淑於黃宗羲，因此平日對於黃宗羲之著作，可說是用功甚勤。而全祖望的遺稿交由盧鎬保存，反倒是間接促使盧鎬參與《宋元學案》校補的工作。同時盧鎬和全祖望一樣，在進行校補《宋元學案》時，與黃氏家族的黃璋亦保持著相當頻繁的接觸和密切的友好關係，這樣的接觸和交往並不會只限於在校補《宋元學案》的這段期間，這兩家族和師門之間的接觸，必定已有一段時日，如此才會形成盧鎬和黃璋之間如此密切的關係。並且以此關係來作爲黃璋的介紹，更可以看出，盧鎬和黃璋之間的交誼情況，並非僅建立在《宋元學案》之上，在私交方面亦相當的密切。同時也反映了黃璋、盧鎬與全祖望三人間在當時是存在彼此相互爲友的情況。

王梓材在〈考略〉「月船盧氏所藏底稿本」中，對於盧鎬和黃璋間交往之情況也有些許描繪：

> 梓材又案：月船先生謄寫《學案》十餘本，……蓋皆梨洲原本所有而未錄或遺失者，又所藏謝山手稿，……其中又有梨洲季主一先生手鈔本，而謝山修補之跡，宛然可據者數本，月船與梨洲後人相往還，又以共成《學

〔註30〕盧鎬字配京，號月船，浙江鄞縣人。生於清世宗雍正元年，卒於清高宗乾隆五十年（西元 1723～1785）。著有《月船居士詩稿》，收於《叢書集成新編》（台北：新文豐出版社），冊 176，頁 111～161。在〈考略〉當中，最早出現盧鎬的地方是在「謝山全氏修補本」中王梓材所下的案語：「梓材謹案：謝山先生修補《學案》，歲月之深如是。」頁 3。

〔註31〕《增補宋元學案》，冊一，〈考略〉，「月船盧氏所藏底稿本」，頁 4。

案》是任，故主一鈔本有在盧氏者。〔註 32〕

可見在編纂《宋元學案》時，不論是黃氏家族、全祖望亦或是盧鎬，都不是靠一己之力在進行，同時代互有關聯的人物，彼此之間相互在進行著聯繫，其共同目標都是設法完成《宋元學案》之編纂。

在〈考略〉中另外又提及了盧鎬的謄寫本，此工作在其有生之年亦未完成。這樣校補和謄寫的工作，就如同以往的稿本一般，再度的往後延伸至後代子孫身上，而承接此工作的，是其外孫黃桐孫。至此，《宋元學案》編纂工作的時程，又再度的往後推延。

在全祖望的弟子們當中，接觸參與《宋元學案》編纂工作的，並非只限於盧鎬一人。全祖望的另一名弟子董秉純，〔註 33〕在其所編的《清全謝山先生祖望年譜》當中，於乾隆二十年（1755 年）一條中描述了當時的情況：

二十年乙亥，先生五十一歲卒。

正月，手定文稿，刪其十七，得五十卷。命純暨同學張炳、盧鎬、全藻、蔣學鏞抄錄。……五月，文稿錄成。……十月，所抄文集五十卷，命移交維揚馬氏叢書樓。〔註 34〕

雖然董秉純在文中並未將全祖望之遺稿作內容上的歸類，只將其統稱爲文稿，但是依照其在「月船盧氏所藏底稿本」中所言，「謝山先生卒，其書多歸同邑抱經樓盧氏，《學案》之稿亦雜入其中」來看，我們應當可以合理的推論，全祖望所遺留之文稿，並非是井然有序的加以分門別類，而是有部份之文稿被分散於各處，屬於《宋元學案》的稿本，可能被分散在諸多文稿殘稿當中被收藏。因此，在收集全祖望遺稿時，才會有雜入《宋元學案》稿本於其中的情況。另外一種可能，原本屬於《宋元學案》的稿本，在全祖望的學生：張炳、盧鎬、全藻、蔣學鏞等陸續參與校補鈔錄之下，被分散於各處而並未被統一集中。王梓材在「樗庵蔣氏所藏底稿殘本」中，共寫了二段的案語，其中第二段案語對蔣學鏞作了些介紹：

梓材又案：樗庵先生名學鏞，〔註 35〕乾隆辛卯舉人，爲謝山母氏同懷弟，蓼崖先生拭之之子，蛾野先生學鏡之弟，嘗受學於謝山。〔註 36〕

蔣學鏞和全祖望彼此間不但是師生關係，更是舅姪之關係，因此與盧鎬相較，蔣學

〔註 32〕同上註。

〔註 33〕董秉純字小鈍，全祖望弟子，其身卒年不詳。

〔註 34〕《清全謝山先生祖望年譜》，頁 44。

〔註 35〕蔣學鏞字聲始，號樗庵，與全祖望爲表兄弟之關係，亦從全祖望而學。

〔註 36〕《增補宋元學案》，冊一，〈考略〉，「樗庵蔣氏所藏底稿殘本」，頁 5。

鏞與全祖望的關係顯得更爲親近，而如此親近的關係也就成爲蔣學鏞參與校補《宋元學案》工作的一個契機。也只有因全祖望所遺之《宋元學案》稿本並非匯爲一處，而是散雜於不同稿本之中，使得盧鎬所收藏之遺稿並非唯一之稿本，因此蔣學鏞才有取得稿本之機會，但其所得之稿本也只是全祖望所遺留稿本中之一部份。王梓材在「樗庵蔣氏所藏底稿殘本」第一段案語中寫道：

> 梓材謹案：蔣氏藏本後歸樗庵孫婿董茂才瀚，董又歸之同邑阮明經訓，顧其本多與盧氏本複。然其不複者，……謝山著錄甚詳，吉光片羽皆可寶貴，不得以殘本少之。其本帙尾有六十卷之目，是謝山未定〈序錄〉時之目，或即豐史所編之目也。〔註37〕

在全祖望過世後所留下來的遺稿中，有一部份就歸屬於蔣學鏞所有。雖然蔣學鏞所取得之稿本只是全祖望《宋元學案》遺稿當中的一部份，並且在內容上也大致和盧鎬所得之稿本重複，但在文中出現了「其不複者」，表示依然是存在有差異的部份，而這樣的差異已經大到足以自成爲一種版本。尤其在文中更提到蔣學鏞所持版本之優點爲「謝山著錄甚詳」，故雖然不是完整的稿本，在內容上也有部份與盧鎬所持稿本相重複，但依然被珍視爲「吉光片羽皆可寶貴，不得以殘本少之」。以此來看「樗庵蔣氏所藏底稿殘本」的產生，和前文所提「月船盧氏所藏底稿本」有極大的相似度。蔣學鏞所收藏的這個版本，在他過世之後，其稿本又傳給他的孫婿董瀚所有，而董瀚之後則又歸於同邑的阮訓。此一現象頗值得再深入進行探究，也就是盧鎬和蔣學鏞二人所收藏之稿本，在他們過世之後，都是由非直系親屬的後代所繼承收藏。盧鎬是由其外孫黃桐孫所繼，保管則是其孫盧卓人；而蔣學鏞則是先由其孫婿董瀚所收藏，而後又歸之於同邑的阮訓所承。這種二人均由非直系親屬甚至於外人所接續先祖遺志的現象，在〈考略〉當中並未加以說明，但筆者推論應當有如下之幾種可能性：

一、盧鎬和蔣學鏞的後人，均無法承繼此一校補的工作。

二、盧鎬和蔣學鏞的後人，均無意承繼此一校補的工作。

全祖望的弟子接收到遺稿時，是否只有蔣學鏞和盧鎬二人接觸《宋元學案》的校補工作呢？王梓材在其〈考略〉「謝山全氏修補本」中所寫的案語，對於全祖望弟子們如何分配和整理他的遺稿，作了明確的說明：

> 又案：小鈍先生，鄞人，……爲謝山高弟。謝山之卒也，其年正月，手定文稿，删其十七，約五十餘卷。時小鈍先生與同學張先生炳、盧先生

〔註37〕同上註。

鎬、全先生藻、蔣先生學鏞鈔錄，皆謝山門人。梓材嘗聞之董茂才均曰：謝山先生將卒，以餘稿歸先祖。先祖爲輯《結埼亭集外編》五十卷，以《續甬上耆舊詩集》歸蔣樗庵先生，樗庵亦爲輯錄成編。以《宋元學案》屬之盧月船先生，月船鈔錄未完，蓋其事較難措手云。茂才爲小鈍諸孫，其言當有所本。〔註38〕

雖然王梓材在文末坦言此段分配全祖望遺稿的過程，是「其言當有所本」，是由董瀚處所聽聞而來，並非是第一手所得到之資料。然而王梓材在〈考略〉中引董瀚的說法和董秉純在其《清全謝山先生祖望年譜》中的記載，二者是不謀而合。因此王梓材在其記載全祖望遺稿的傳佈過程時，依然同意並且相信這樣的說法，並且在內容上補充的更加詳細。王梓材所稱「其言當有所本」，雖然是由董秉純後人處所得來的消息，但關於這樣分工的說法，在《春雨樓初刪稿》當中，董秉純以簡明的方式，說明了當時確實有分工進行整理全祖望遺稿的情況：

先生著述不下三十餘種，今存者惟詩文正集，集外一百十五卷，《續甬上耆舊詩》七十卷，《國朝甬上耆舊詩》四十卷，然皆排定目錄，鈔十分之八，而未必若《宋儒學案》，序目雖定全未發鈔，《水經注》用功最勤，經七校俱有更正。其第七校擬移經文諸錯簡，重定翦綴，分黏大半，而先生卒。今若依題跋所摘而整理之當可成就，予以任之蔣孝廉學鏞，竟未克爲。《耆舊詩》及《學案》存盧孝廉鎬，亦未修舉。〔註39〕

此段引文是董秉純對全祖望所留遺稿的處理方式所作的描述，當中明確寫出在當時並非只憑一人之力在整理全祖望的遺稿，而是分別由董秉純、蔣學鏞和盧鎬三人所共同進行。據董秉純所指，《學案》是由盧鎬所負責，但若是全歸於一人處理，理當不會產生出版本重複的問題，而之所以出現「謝山全氏修補本」、「月船盧氏所藏底稿本」和「樗庵蔣氏所藏底稿殘本」這三種在〈考略〉中所載與全祖望有直接關係的版本，顯然是因爲《學案》的稿本並非全然是由盧鎬所收藏。因此王梓材在「月船盧氏所藏底稿本」中的案語「謝山先生卒，其書多歸同邑抱經樓盧氏，《學案》之稿亦雜入其中」，這句話同樣也適用在蔣學鏞所持的版本上。《宋元學案》的稿本是雜入在諸文稿之中，並被分由多人所收藏。

〔註38〕《增補宋元學案》，冊一，〈考略〉，「謝山全氏修補本」，頁3。

〔註39〕董秉純，《春雨樓初刪稿》，卷二，〈錄結埼亭集文外序〉（《叢書集成新編》，台北：新文豐出版社），冊191，頁540。

第四節　各自成脈的編纂者

一、何凌漢、何紹基父子

何凌漢替《宋元學案》所撰寫之序言中提到：

> 道光辛卯，奉命典試浙江，留督學士。壬辰春，按試至寧波，得樸學士王生梓材。因以叩之，以未見對。甬上多藏書家，屬其勤爲蒐訪。〔註40〕

何凌漢道出其在道光十二年歲次壬辰（1832年）時和王梓材接觸，並且吩囑其著手《宋元學案》修纂之原由。雖然無法確知王梓材著手進行修纂《宋元學案》之確切時間，但這個外在環境所給予的機會，未嘗不是王梓材所樂見之事。然而何凌漢參與纂修的過程並不順利。何凌漢接下去寫道：

> 歲試未畢，余奉召還京，然未嘗一日忘是書也。〔註41〕

何凌漢並未能執行完其督學浙江的工作，也就是其停留於浙江的時間並不久，使得他也未能全程督促王梓材搜羅校補《宋元學案》。然而在其返回北京之後，並未能使他忘卻《宋元學案》之編纂，以致在下文寫到王梓材進呈所編纂之完稿時，表現出相當高興的樣態：

> 今茲戊戌，王生再入都門，居然以校刻《宋元學案》百卷定本至。欣然詢其所自，始知陳碩士少宗伯繼視浙學，先得梨洲後人補本八十六卷，而謝山原本之藏於月船盧氏、樗庵蔣氏珍祕不示人者，亦次第出之，王生乃與馮生雲濠合而定之。〔註42〕

何凌漢將時間的跨度一下子跨越了六年，由道光十二年（1832年）來到了道光十八年（1838 年）《宋元學案》第一次刊刻成爲刊本的時間。何凌漢之所以作這樣時間距離上的跳躍，除了將自身與《宋元學案》有關的編纂事件給拉近之外，更表示出其在這空白的六年當中，他並未參與過編纂的工作。因此對於王梓材呈書的舉動，何凌漢使用了「居然」來表示驚異，並且以「未嘗一日忘是書也」來作爲對其過往六年未能參與編纂所表達的遺憾心情。其子何紹基在《宋元學案》所作之補敘，另外記載了當時的情況：

> 先文安公生平服膺許、鄭之學，而於宋儒之言性理者亦持守甚力。……道光壬辰，督浙學至寧波，以《宋元儒學案》發策，浙士始知有此書。越七年戊戌，王君膢軒、馮君五橋蒐得各本，合校刊成，以印本攜呈。此事

〔註40〕《增補宋元學案》，冊一，〈敘〉，頁1。
〔註41〕同上引書，頁2。
〔註42〕同前引書。

實自先公發之，故嘉其有成，欣然作敘也。〔註43〕

以此可以理解何凌漢在相當巧合的機緣下，給予王梓材與馮雲濠二人適當的機會，讓《宋元學案》得以刊印成書。而就如先前所言，也許王梓材因爲家學的淵源，原本便有進行校刊《宋元學案》的計劃。何凌漢所作之策試，只是恰巧給了王梓材一個適當的機會，得以幫助其展開校刊的工作。依照上文來看，何凌漢對於王梓材和馮雲濠進行《宋元學案》校補直接的關切只有在道光十二年一年，而王梓材在道光十八年（1838 年）《宋元學案》成爲定本之後，特地攜往給何凌漢過目，此舉顯然是爲將編纂成果作一展示並且了卻何凌漢的一樁心願，而請何凌漢替此定本作敘之舉動，更顯示出對何凌漢的尊重。這樣重視的程度並不單是因爲何凌漢的官職，讓其〈敘言〉置於全書之首，更是因爲何凌漢是引發王梓材編纂《宋元學案》的外在動力。然而何凌漢在寫完〈敘言〉之後不久便過世了，前後兩次的參與時間都不算長。何凌漢不止限於〈敘言〉之撰寫，他更影響到其子何紹基校編《宋元學案》之意志。現今所見之道光二十五年（1845 年）刊本中，何紹基在何凌漢所作的〈敘言〉之後，接續纂寫了另一段〈敘言〉，內容包含其父親參與之經過以及自身所知概略化之編纂過程。由此〈敘言〉可以看出他受到父親何凌漢的影響頗深，因此才會對於《宋元學案》的刊刻抱持著相當關切和積極介入的心態。

二、陳用光

前文引言提到，何凌漢「歲試未畢，奉召還京」，繼他而起視學於浙江的則是陳用光。〔註44〕由何凌漢之〈敘言〉可以看出，陳用光對於《宋元學案》亦抱持著相當高之關注態度。〔註45〕何凌漢雖然不是最直接參與《宋元學案》編纂的人，但是對於將《宋元學案》長久以來的未完稿變成刊本的工程，也起了催生的作用。對於王梓材而言，何凌漢是其接觸並完成《宋元學案》刊行的主要動力，陳用光則是持續敦促的推手。因此和王梓材同樣是同年試生出身的馮雲濠，會著手進行《宋元學案》校補的工作，也未嘗不是受到何凌漢的促動。雖然何凌漢並未持續的給予校補

〔註43〕同前引書。

〔註44〕陳用光字碩士，又字石士，生於清高宗乾隆三十一年，卒於清道光十五年（1767～1835）。著有《太乙舟文集》等。

〔註45〕陳用光對於《宋元學案》關注的程度，在其《太乙舟文集》（《叢書集成新編》，冊194）當中，雖然並未有明確的書寫。但是在其〈卷五〉所收12封他和姚鼐之間往返的書信當中，所討論的內容可以約略看出，陳用光和姚鼐之間師徒關係的深厚以及彼此之間對於宋儒之學所涉入的研究討論之深入，可以用來對於其關切《宋元學案》的舉動作出一個使其相當合理化的解釋。因此，在其晚年藉由視學於浙江之機會，進行《宋元學案》訪求，並且再次詢及王梓材與馮雲濠兩人。

上之關注，但也讓陳用光繼起承接其遺志。王梓材在《宋元學案・總目》後，所寫的第一段識語當中，記載了當時的情況：

壬辰，何大司空先槎師，按試吳郡，首進梓材，而問及是書。梓材對以《明儒學案》見有數刻，宋、元諸儒則未之見也。退而遍訪，始知是書原委。其明年陳少宗伯碩士師代督學事，又以是書命題，俾爲之考。馮君五橋同在試院，互言其詳，既而同出碩士師之門。碩士師已獲黃氏補本，思得謝山修補原稿參校之，月船之孫卓人茂才，又深護之不肯出，而碩士師亦遂謝世。〔註 46〕

何凌漢在道光十二年（1832 年）歲次壬辰時，至浙江典試，當時便提拔了王梓材。「其明年，陳少宗伯碩士師代督學事」，所指的就是道光十三年（1833 年），陳用光代替何凌漢執行督學的工作。以「同出碩士師之門」來看，馮雲濠和王梓材二人係道光十三年的同年試生關係，並且當年考官就是陳用光。而通篇之所以未見陳用光所作序言案語，主因就是在於王梓材與馮雲濠兩人進行校補工作之時，未得完備收羅諸家之稿本。而陳用光於道光十五年（1835 年）謝世之時，《宋元學案》尚未成編完刊。因此在《宋元學案・敘言》當中，才會只有何凌漢而沒有陳用光所撰之隻字片語。馮雲濠在《稿本宋元學案補遺・卷目》的識語當中寫到：

前甲午秋，臒軒與雲濠同遊陳少宗伯石士師之門，而且同廌省垣鳳凰山麓者兩月。〔註 47〕

而根據《清儒學案小識》中〈王梓材傳〉所言，〔註 48〕他是在道光十四年（1834 年）拔貢，也就是歲次甲午那年。因此，王梓材與馮雲濠二人實際上的考官是陳用光，而非何凌漢，二人同樣是以陳用光爲師，這是歷來試生對於主考官的一種尊敬的傳統。對於王梓材和馮雲濠而言，陳用光的影響自道光十三年起代行督學於浙江起，以至其辭世止。而馮雲濠在同一段的識語當中，又接著寫到：

以石士師得姚江補本尤惓惓于謝山修補之稿也。即思校刻是書，顧未克匯合黃全兩家之全。〔註 49〕

馮雲濠在此描繪出陳用光關切於《宋元學案》編纂的態度，而這樣積極的態度反而影響到王梓材與馮雲濠二人編纂《宋元學案》之進度，也才會受限於時間緊迫而造

〔註 46〕《增補宋元學案》，冊一，〈總目〉，頁 12。

〔註 47〕王梓材、馮雲濠，《稿本宋元學案補遺》（北京：北京圖書館出版社，2002 年），〈卷目〉，頁 15。

〔註 48〕（清）唐鑑，《清儒學案小識》，收於《清代傳記叢刊》（台北：明文書局，民國七十四年），第六冊，頁 115。

〔註 49〕同註 58 引書，頁 15。

成之「顧未克匯合黃、全兩家之全」這樣疏漏的結果。上述引文均出自於王梓材在道光二十五年（1845 年）間的刊本，此時之刊本已經過修改重訂。王梓材在道光十四年（1834 年）時所作的鈔本當中，有較爲全面之記載：

《宋元學案》一書，姚江黃梨洲先生原本，其子百家述之，而吾鄞全庶常謝山先生補之者也。原本六十卷，謝山定爲一百卷。嘗與鶴浦鄭氏謀刻之，僅刻〈序錄〉與第十七卷〈横渠學案〉而止。其稿歸及門盧月船先生家，今已散逸者半，惟存鈔本十九帙云。歲壬辰，何少司空先槎先生試士及寧，特問此書，梓材未有以對。癸巳冬，陳少宗伯石士先生試以《宋儒學案》考，與試者互相稱述，始悉是書之詳。甲午秋試，慈水馮君五橋以姚江黃氏本錄呈石士先生，其書亦採全氏而更異其卷爲八十餘卷。石士先生欲見全氏底本，梓材歸而假諸月船之孫卓人茂才，得錄十九帙之七。〔註 50〕

道光十四年刻版所記載之內容較之道光二十五年所記載之內容更爲詳盡，也許道光二十五年之重刻版本，將部份在成書過程中之編纂過程的細節給予減化。也許王梓材並不以爲刪減此段文字足以影響刊刻結果，並無礙於全書之完稿與刊印，同時也不會影響研究者或讀者在閱讀上之完整性。但對於研究《宋元學案》之版本譜系而言，編纂過程卻是絲毫省略不得。因此，王梓材這段較爲原始之說明，正可以用來補充王梓材在道光十八年刊本中，所載關於何凌漢和陳用光先後對於《宋元學案》之關切方式。

三、楊文乾、胡泮英

在〈考略〉「梨洲黃氏原本」中，另外提及了一段在編纂過程中之插曲，也就是淮陰楊氏謀刻《宋元學案》未果之過程。

鄭南谿性與沈樂城書云：年前中丞在粵，屬其師購覓黃梨洲先生所著宋、元、明儒學案，且欲刊行之，其宋元底本已失。〔註 51〕

王梓材對此一事件另加案語來加以補充說明當時之情況：

梓材謹案：中丞爲廣東巡撫楊公文乾，其師乃姚江胡泮英。中丞橋梓具受業於胡，梨洲第五孫千秋跋《明儒學案》云：胡泮英言，廣撫楊公令

〔註 50〕「馮雲濠、王梓材手校鈔稿本」，〈考略〉，轉引自吳光先生《黃宗義著作彙考》，〈宋元學案補考〉，頁 46。筆者案，由於此本原稿由浙江圖書館所典藏，筆者無緣親見，故只能就吳氏所引者轉錄。

〔註 51〕《增補宋元學案》，冊一，〈考略〉，「梨洲黃氏原本」，頁 2。

子某欲刻之。與鄭語合，第書往而泮英歿，未幾而中丞亦歿，故宋、元底本遂至遺失。〔註52〕

依王梓材所言，中丞所指的就是楊文乾。〔註53〕而楊文乾對於黃宗羲《宋元學案》之稿本，也表現得同何凌漢以及陳用光一般，對其抱持著相當大的關注，投入了相當的精力在收集各方稿本，並極力的訪求並且謀刻《宋元學案》。而當時實際進行收集工作的人，就是楊文乾的老師胡泮英。依照文中所指，當時胡泮英所委由居中負責聯絡往返的對象應當就是黃宗羲的第三世孫黃千秋。而訪書的對象，就是二老閣鄭氏家族第三代的鄭性。

黃千秋於《明儒學案・跋》中寫到：

先王父所著《明儒學案》一書，甬上萬管村先生宰五河時，捐俸刻之，未及半而去官，遂輟。其稿本歸勾章鄭義門，吾姚胡泮英言廣撫楊公文乾令子某欲刻之，屬千秋力求之。鄭氏書往而泮英歿，千秋與義門不勝歎惋，……第三孫千秋謹識。〔註54〕

此段所言雖是以《明儒學案》爲主，但在「梨洲黃氏原本」中所作之說明，實已含括「宋元明儒」這三部學案，因而在其所述說之胡泮英求書過程，亦可視作爲其對《宋元學案》之求書過程。而由於「二老閣」本身之性質，對於鄭氏家族而言，有其相當重要之意義性，所以對於二老所遺留下來之稿本，理因非常之珍視，若無相當程度之交誼或情份，是不會輕易寄示於他人。但由於缺乏足夠說明胡泮英或楊文乾等與鄭氏家族和黃氏家族間彼此關係之記載，因此只能推斷在當時鄭性與黃千秋、胡泮英、楊文乾等人彼此之間的交誼情份是相當之深厚。如此鄭性才有可能在黃千秋的請託之下，將黃宗羲的「宋元明儒學案」的稿本寄示給胡泮英以供楊文乾刊刻之用。可惜在鄭性將書稿寄往時，胡泮英與楊文乾二人先後辭世。黃千秋與鄭性兩人還因此替胡泮英及楊文乾二人志之未竟而感到悲傷。這部份未及進行之版本，只能稱其爲《宋元學案》編纂過程中眾多版本中一個悲傷的插曲。然而在這樣的訪書過程中，反映出了鄭性與黃千秋兩家的交誼情況。全祖望在〈五嶽遊人穿中柱文〉中所稱之「黃氏諸孫」，應當指的就是包含黃千秋以降的黃氏族人。因此就黃宗羲和鄭溱到黃千秋和鄭性之間，鄭氏家族和黃氏家族已經是三代的家族情誼了。

〔註52〕同上引書。

〔註53〕楊文乾字元統，號霖幸，漢軍正白旗人，先世遼陽州人。生於清康熙二十年，卒於雍正六年（1682～1729）。

〔註54〕黃宗羲《明儒學案》，（台北：台灣中華書局，民國七十三年），冊四，頁1。

在閱讀上兩段引文時，除了作如上的聯繫之外，還可以發現到關於黃千秋是屬於黃宗羲的第幾世孫這樣一個問題上出現了歧異之處。王梓材在《宋元學案》的案語中稱黃千秋是第五孫，而黃千秋在《明儒學案》中自陳是黃宗羲的第三孫，顯然二人的算法頗有出入。依照《餘姚黃氏族譜》來看，〔註55〕黃宗羲的第三世孫在名字上是千字輩的排行，而第五世孫如黃璋一輩，在名字上則並無明顯的輩份上的排列。因此黃千秋當如其自陳是梨洲的第三世孫，而並非如王梓材所言是第五世孫。〔註56〕

四、王梓材、馮雲濠與其相關編纂者

既然王梓材與馮雲濠二人是同年試生，並且一同參與編纂工作，因此自當放在一起作討論。在〈考略〉中，王梓材考證出爲數眾多之編纂者，並將其依照所合屬之版本進行論述。對於王梓材而言，這些編纂人物的介紹當中，似乎並沒有將其自家學承作適當的說明機會。但王梓材巧妙的選擇在「樗庵蔣氏所藏底稿殘本」的案語中，自陳其家學的傳承背景：

> 梓材先高祖太學鈍夫公諱炳，學於王忝堂先生，爲梨洲再傳弟子。大父郡學都講漁村公諱鍔，則從樗庵遊。而梓材先君子縣學都講夢僧公諱謨之，受業師範外翰耐軒先生懋裕，早學於漁村公，後又及蔣門，是祖父師承所自出，謹附識於此。〔註57〕

王梓材在這段自陳家學淵源的文句當中，首先由王梓材的先高祖王炳作爲其家學傳承之始。王炳係受業於黃宗羲主持之證人書院的弟子王忝堂，所以王梓材在案語中稱其先高祖爲黃宗羲之再傳弟子，之所以與黃宗羲作聯繫，除作爲其家學淵源之證明外，更顯見王梓材對於此關係是相當的重視，這種聯繫也使得王梓材和《宋元學案》編纂之關係，變得不再那樣突兀，並且成爲王梓材參與《宋元學案》編纂之關鍵。不僅如此，另一在《宋元學案》編纂過程中之重要人物蔣學鏞，則成爲王梓材在家學系譜建構上的另一個關鍵。藉由王梓材的祖父王鍔和全祖望的學生同時也有姻親關係的蔣學鏞倆人相互交遊，以及日後授業於王梓材父親王謨之的老師範懋裕，也曾先後問學於王鍔以及蔣學鏞兩人。這樣的關係更讓王梓材在承繼《宋元學案》的兩大編纂軸線：黃宗羲和全祖望的編纂工作上，變得更爲正當化。〔註 58〕因此就如此複雜的關係上來說，王氏家族、黃氏家族、蔣氏家族

〔註55〕黃炳垕，《黃梨洲先生年譜》，清同治十二年（1873）刊本。

〔註56〕同樣的情況出現在浙江古籍出版社所刊印的《黃宗羲全集》，第三冊，《宋元學案》，頁6中，亦作「梨洲第五孫」。

〔註57〕《增補宋元學案》，冊一，〈考略〉，「樗庵蔣氏所藏底稿殘本」，頁5。

〔註58〕在《宋元學案》當中，王梓材並未說明將自身家學置入其中的理由。除了本文中所

以及全氏家族等，各家族之間相互牽扯的關係可以說是相當的深厚。而在這些複雜的家族關係之上，卻都有一共同的源頭，那就是黃宗羲。所有家族關係的開端，都是以黃宗羲作爲起點。王梓材在最末當中提到：「是祖父師承所自出」，在〈考略〉當中帶入如此一段話，反映出王梓材對於家學引以爲傲以及認爲在《宋元學案》編纂的過程當中也該扮演著一定的角色。既然王梓材認爲其家學是祖父師承所自出，並且直接上溯自黃宗羲，便自然可以稱其爲黃學的繼承者。〔註 59〕如此，他自然比其他人要更適合於替黃宗羲完成其未竟之志，如果王梓材想替自家學術淵源作一個追本溯源，並且找到一有力的定位，這樣作無疑是最好的辦法。況且在前輩大家們的功業之下，王梓材會想要有一番作爲的心理不難讓人理解。王梓材在〈考略〉當中，藉由自述其家學淵源來表明其校補《宋元學案》工作的正當性，但這只是使其工作合理化的內在因素。對於影響到實際進行的工作的外在環境而言，也就是促成王梓材進行編纂的動力，則是來自於何凌漢所給與的機會。

關於馮雲濠之生卒年並沒有詳細之記載，在《慈谿縣志》馮雲濠的傳文中寫到：

> 於所居構醉經閣，藏書多善本，得全祖望「宋元儒學案」於鄞盧氏，與同年生王梓材校補完善，出資刊之，並著《補遺》一百卷。〔註 60〕

馮雲濠與王梓材二人在同時進行《宋元學案》的校補工作，並且因陳用光之故，未能收羅完整之稿本，因此另外又撰寫了《宋元學案補遺》以用來補充所校補的《宋元學案》的缺失。而馮雲濠與王梓材在進行校補工作時，同樣也非只憑二人之力在進行。在〈校刊宋元學案條例〉最後一條當中，亦提及許多參與王梓材與馮雲濠編纂的人物：

> 校刊是書，頗費心力，其間頭緒紛繁，訛簡迭出，有非一二人所能周至者。彙錄諸本，蓋董逸莊岡、范小鄰邦魯、馮雲坡章之力爲多。而盧卓

推論的正當化其編纂的行爲以外，在學案這種以學派分別作爲依準的體裁當中，王梓材在其認爲適當的地方放入其家學淵源，無疑是想要替自己的家學在學術史的學案體裁中找到一個定位。

〔註 59〕對於王梓材的家學，《清儒學案小傳》中（收於《清代傳記叢刊》台北：明文出版社，冊 5～7。）中有較爲不同的看法。《清儒學案小傳》當中的王梓材，是列名在〈謝山學案〉當中與全祖望相互交遊的沈炳震之下「東甫家學」當中。以此可約略看出，除了對於王梓材所承接家學之間有不同的認知之外，對於王梓材而言，也許家學並不止限於本家所接受的家學。在有關王梓材記載的文獻當中，一直未清楚寫明王梓材妻家是何氏人，也許有極大的可能就是沈家。如果此一猜測屬實，自然王梓材所承接的就是王沈二家的家學。而在論述《宋元學案》的編纂時，便選擇就其中有關聯的本家家學淵源來作論述。

〔註 60〕（清）馮可鏞修、楊泰亨纂，《慈谿縣志》（台北：成文出版社，民國六十四年），清光緒二十五年刊本。

人茂才杰，盛醒樓都講炳，相與讐對，兼事繙閱。至所參諸傳，則張鐵峰孝廉恕分任之，有所資益，是皆宜書。〔註61〕

由此來看，與馮雲濠和王梓材同時參與進行《宋元學案》編纂工作的還有董岡、范邦魯、馮章、盧杰、盛炳、張恕等六人，可見不論在何時代何種版本，《宋元學案》都是集眾人之力的編纂工作。

五、龍汝霖

在現今所見光緒五年（1879 年）之後的《宋元學案》刊本當中，有龍汝霖所作的〈跋尾〉。〔註 62〕代表其在《宋元學案》的刊刻過程中，也盡有相當之貢獻。但一般在論述《宋元學案》的成書過程中，卻往往忽略了龍汝霖。龍汝霖在其〈跋尾〉中寫到：

同志君子，楊石泉中丞、龔雲浦軍門、吳誠齋方伯、蘇子溪軍門、儲鶴翹都轉、黃雲笒都轉、朱宇田廉訪、張力臣方伯、黃子壽方伯、陶少雲廉訪，出資若干金，不足者汝霖益之。爰取李仲雲都轉所藏何氏本，屬王君豫，胡子彝、子政分任讐校翻刻傳之。〔註 63〕

龍汝霖在文中所列一同參與編纂工作的十五位學者，雖然這十五位學者所擔任分工之工作不同，並非所有人都直接參與《宋元學案》之編纂工作，但依然可以反映出集體參與《宋元學案》編纂之特色。

然頗爲遺憾的是，龍汝霖在其〈跋尾〉中並未明言其接觸《宋元學案》刊刻的機緣，以及在刊刻時所取用之稿本來源。可以見到的是他所寫的：「爰取李仲雲都轉所藏何氏本」，編纂時所用的稿本是由李仲雲所收藏的何氏本作爲底本。而對於何氏本如何流傳到李仲雲處則並未有足夠的資料可以佐證。若以此進行推論龍汝霖所得到之稿本，係何紹基與王梓材第二次進行刊刻之版本，並非馮雲濠所藏之「浙版」。亦即龍汝霖進行校刊之工作最早不會早於道光二十五年（1845 年），即《宋元學案》第二次版本刊刻之前。

〔註 61〕《增補宋元學案》，冊一，〈校刊宋元學案條例〉，頁 2。

〔註 62〕龍汝霖所作跋尾出現在光緒五年的長沙寄盧重刊本與王梓材刊本二版本之中。其後如民國二十五年中華書局所依《四部備要》本刊印的版本中，亦可得見。

〔註 63〕《宋元學案》，光緒五年長沙王梓材刊本。

附表 1：《宋元學案》編纂人員總表

姓　名	所　任　工　作
黃宗羲	《宋元學案》之始創者，於其晚年著手進行編纂，未即成編而卒。
黃百家	與其父黃宗羲一同參與編纂《宋元學案》之工作，未成而卒。
黃千秋	黃宗羲孫，將《宋元》、《明儒》二學案之稿，經由鄭性之手轉交給胡泮英、楊文乾刊刻，亦未完成。 將《宋元學案》編纂工作託給全祖望。
黃千人	黃宗羲孫，邀全祖望參與二老閣落成暨祭祀活動。
黃　璋	搜訪全祖望、盧鎬等遺留之稿本，校補爲初具規模之鈔本。
黃徵乂	與其父黃璋一同參與校補工作，留有案語於世。
黃直垕	與其父黃徵乂、其祖黃璋，一同進行校補工作。
黃炳垕	編纂《黃宗羲年譜》。
全祖望	校補《宋元學案》，並確立出現今所見之規模。
董秉純	全祖望弟子，雖未直接參與《宋元學案》之編纂，但留由記載。
盧　鎬	全祖望弟子，接續全祖望進行編纂工作。留有二部稿本，先後傳到黃璋之手。
蔣學鏞	全祖望之表兄弟，亦有部份《宋元學案》稿本藏於其家。
張　炳	全祖望之弟子。
全　藻	全祖望之弟子，嘗與董秉純、張炳、盧鎬、蔣學鏞等鈔錄全祖望之文稿，間亦可能有《學案》之稿雜入其中。
董　瀚	盧鎬的孫婿，後收藏由盧鎬所傳《宋元學案》稿本。
阮　訓	盧鎬藏於家中之稿本，經由董瀚之手而再傳於阮訓。
鄭　溱	與黃宗羲友善，爲「二老閣」中二老之一。
鄭　梁	鄭溱之子，黃宗羲弟子。始倡「二老閣」的興築。
鄭　性	鄭梁之子，黃宗羲弟子，實際興築「二老閣」者。
鄭大節	鄭性之子，參與《宋元學案》的校補工作。
毛德基	與鄭大節友善，亦同其參與《宋元學案》之校補。
胡泮英	楊文乾之師。受其所托向黃千秋訪求《宋元學案》、《明儒學案》之稿本以進行刊刻。
楊文乾	囑託胡泮英訪求《宋元》、《明儒》二學案以進行刊刻。
顧　諟	黃宗羲弟子，參與《宋元學案》的編纂，留有案語。
楊開沅	黃宗羲弟子，參與《宋元學案》的編纂，留有案語。
張　采	黃宗羲弟子，參與《宋元學案》的編纂，留有案語。

王之坪	黃宗羲弟子。
王　炳	王之坪之弟子，黃宗羲之再傳弟子，王梓材之高祖。
王　鍔	王炳之子，王梓材之祖父，與蔣學鏞友善。
王謨之	王鍔之子，受業於范懋裕。
王梓材	王謨之之子，先後與馮雲濠、何紹基共同校補《宋元學案》。
董　岡	王梓材在其考略中所列與其共同參與編纂之人，其生平及工作內容均不可考。
范邦魯	王梓材在其考略中所列與其共同參與編纂之人，其生平及工作內容均不可考。
馮坡章	王梓材在其考略中所列與其共同參與編纂之人，其生平及工作內容均不可考。
范懋裕	王謨之之師。嘗受業於王鍔及蔣學鏞。
馮雲濠	先後與王梓材校補《宋元學案》。
何凌翰	視學於浙江，以《宋元學案》試王梓材。替《宋元學案》作序。
何紹基	何凌翰之子，替《宋元學案》作序，並出資刊刻。
陳用光	接替何凌翰視學於浙江，進王梓材與馮雲濠。並囑其二人編纂《宋元學案》。
黃桐孫	盧鎬外孫，收藏由盧鎬所遺留之《宋元學案》鈔本，並且謀刻於安徽、廣東等處未果。
盧卓人	盧鎬之孫，黃璋所獲盧鎬之鈔本系由其所提供。
龍汝霖	於光緒年間，在長沙校刊《宋元學案》，並集資刊刻。
楊石泉	爲出資贊助龍汝霖刊刻《宋元學案》者。
龔雲浦	爲出資贊助龍汝霖刊刻《宋元學案》者。
吳誠齋	爲出資贊助龍汝霖刊刻《宋元學案》者。
蘇子溪	爲出資贊助龍汝霖刊刻《宋元學案》者。
儲鶴翹	爲出資贊助龍汝霖刊刻《宋元學案》者。
黃雲岑	爲出資贊助龍汝霖刊刻《宋元學案》者。
朱宇田	爲出資贊助龍汝霖刊刻《宋元學案》者。
張力臣	爲出資贊助龍汝霖刊刻《宋元學案》者。
黃子壽	爲出資贊助龍汝霖刊刻《宋元學案》者。
陶少雲	爲出資贊助龍汝霖刊刻《宋元學案》者。
李仲雲	提供所藏之《宋元學案》「何氏本」給龍汝霖，供作校刊之底本。
王君豫	擔任龍汝霖刊刻《宋元學案》之校讐工作。
胡子彝	擔任龍汝霖刊刻《宋元學案》之校讐工作。
胡子政	擔任龍汝霖刊刻《宋元學案》之校讐工作。

附表 2：《宋元學案》相關編撰人物關係表

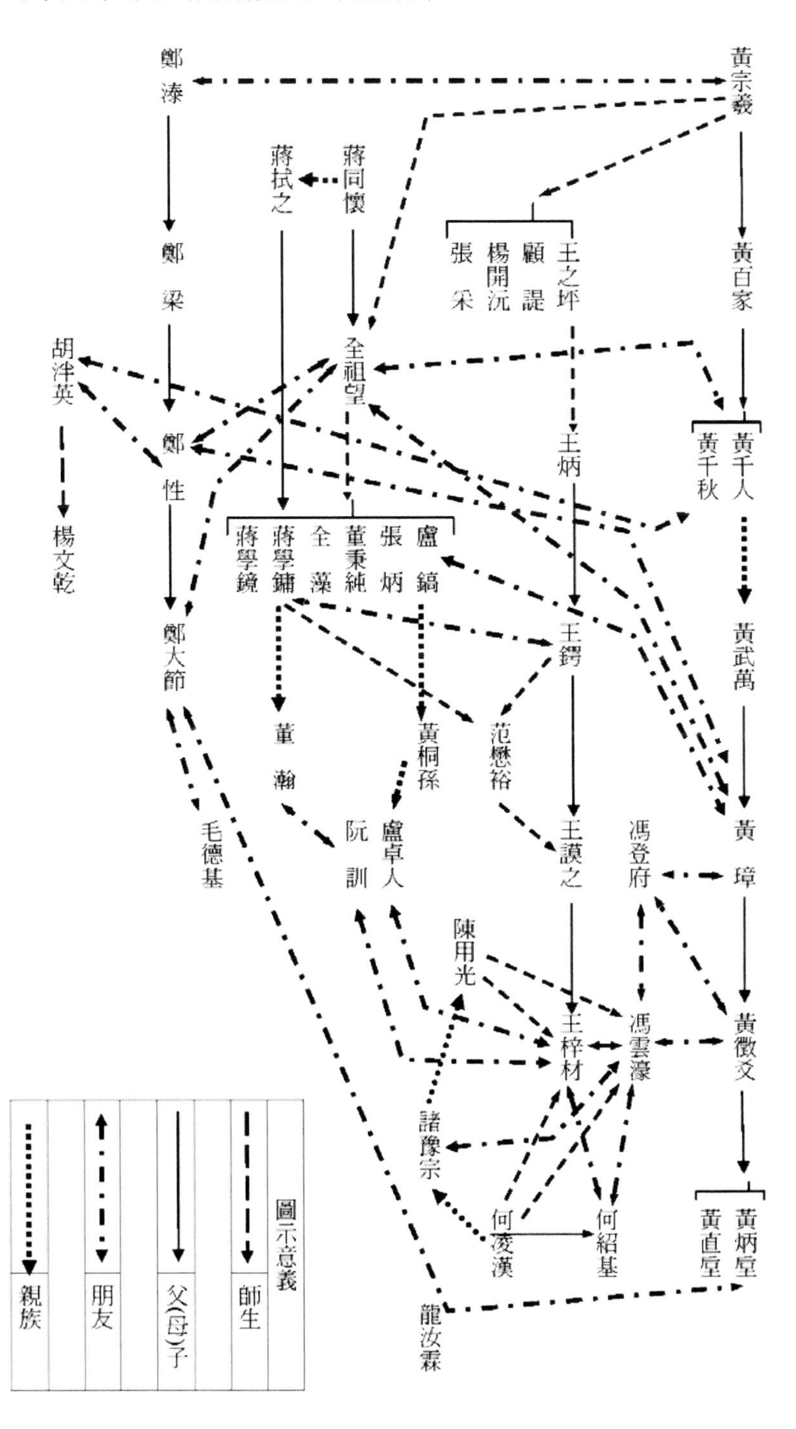

第三章　《宋元學案》成書過程中之稿本與刊本

現今一般書籍之出版，在經由稿本付印成書以前，都會經歷許多出版上的程序，這其中包括了修訂、排版、校稿、試印等等工作。這些看似繁複的工作，在書籍的出版上卻又是缺一不可，否則就會嚴重影響到書籍出版的順利與否。近代書籍如此，古代書籍更是如此。《宋元學案》在其刊刻過程中，更是充分的表現出書籍在成書過程中之複雜程度，而這些複雜性被表現在書名的確立、參與編纂的工作者、書籍的始作年代、流傳的稿本、卷目的編次等許許多多相關的議題之上。

《宋元學案》自黃宗羲著手寫作以來，至馮雲濠與王梓材二人最初之刻本付刻爲止，其間共經歷約一百五十一年之歲月（約自康熙二十五年～道光十七年，西元 1686～1837 年）。〔註 1〕在這一百五十一年當中，所參與編修學者之人數，可考證出姓名的就高達五十一人之多。在如此龐大和長時段之編修工作下，參與之學者多少會在進行編修工作時，將各自的學術意識、生平、師承與交友關係等，帶入至文章作品當中，使其藉由文字表達出自身對於學術的認知。何況《宋元學案》本就是一部專門講述學術傳承關係的著作，作者將各自的背景帶入書籍編撰的內容中，表現出作者在學術傳承上的某種觀點或定位。同時也體現出作者對於自我家學師承等的自覺意識。

〔註 1〕此據吳光先生〈宋元學案補考〉一文，收於《黃宗羲著作彙考》（台北：台灣學生書局，民國七十九年五月初版），頁 29—33。當中所考證之結果，黃宗羲開始著手寫作《宋元學案》的時間，不會早於康熙二十五年（西元 1686 年），時年黃宗羲 77 歲。

第一節　《宋元學案》成書過程中之稿本

在第二章中，已針對《宋元學案・考略》中所載之直接與間接參與編纂之編纂者，就彼此間之關係作概要之介紹。這些編纂者在彼此相互不同關係之影響下，產生如〈考略〉中所載之六種版本。此六種版本，主要係以王梓材與馮雲濠二人所見之版本爲主，所指當然是在《宋元學案》完刻前所出現之版本。然而在〈考略〉中之論述方式，卻是將此六種版本視作爲各自獨立之版本，雖在行文中有演示部份人物之關係，但卻並未將編纂者與其各自編纂之版本間作一銜接，使得〈考略〉中之版本爲各自獨立之版本，並未形成版本之系譜。若將此六種版本建立在前文所論及之《宋元學案》各編纂者間之關係上，便不難發現此六種版本之間是無法完全作切割處理，不論是版本的起源或是流傳，彼此之間都是環環相扣，互相影響。

無可置疑的，「梨洲黃氏原本」是所有《宋元學案》稿本中，最早產生之版本，所指當然是黃宗羲與黃百家父子先後聯手所作之最初稿本。但王梓材和馮雲濠對此版本所作之描繪，卻將其焦點集中於黃宗羲之生平和後人楊文乾委託胡泮英訪求此稿本的插曲上。相對其編纂之過程，僅提及了黃百家、楊開沅和顧諟等參與其中，以「知當時分任者不一人」作爲編纂過程的總結。可見王梓材與馮雲濠二人對於黃宗羲和黃百家當時進行編纂之情況，所知亦屬有限。僅在〈校刊宋元學案條例〉中之第三條，有較爲明確之說法：

> 梨洲原本無多，其經謝山續補者，十居六七。〔註 2〕

如此之寫法，係以後世全組望所修纂之稿本與早期黃宗羲之原本作一對比，所得出之概略數據。雖然這並無法還原出當時所存黃宗羲原本之面貌，但藉由數字上的量化比，約略可推測出，梨洲原本和謝山續補本間存在有相當之差異。〔註 3〕吳光先

〔註 2〕《增補宋元學案》，冊一，〈校刊宋元學案條例〉，頁 1。

〔註 3〕關於黃宗羲編纂《宋元學案》的成果，依林久貴先生在其〈《宋元學案》的作者及成書經過述論〉（《黃岡師專學報》，第 18 卷第 3 期，1998 年）一文中所作的整理，總共可分爲三派的說法。第一種：以梁啓超、張舜徽和吳楓等爲主。梁啓超在《中國近三百年學術史》當中認爲：「《宋元學案》黃宗羲草創，僅成十七卷。」張舜徽與吳楓等也持相類同的看法。張舜徽在其《清儒學記》當中認爲黃宗羲：「僅寫完〈敘錄〉及正文十七卷便去世了。」吳楓在其《簡明中國古籍辭典》當中認爲：「黃宗羲僅成十七卷併序。」第二種：爲本文所引述王梓材的考證。第三種：吳光在其〈宋元學案補考〉一文中所稱：「今存《宋元學案》百卷何氏刻本中，有六十七卷屬『黃氏原本』而由全氏修補而定。」盧鐘鋒更說：「從案卷設立的情況看，全書一百卷，立案九十一個，而爲黃宗羲所立者凡六十七卷，五十九個學案，佔全書所立案卷三分之二左右。」以上三種講法基本上都是建立在各自對於「黃氏原本」所作的不同理解之上。

生認爲王梓材在校刊《宋元學案》時，所見之「黃氏原本」，並非黃宗羲父子原創之稿本，而係黃氏後人所修補過之稿本。這恰可說明〈總目〉中所列與梨洲原本所言的比例間存有差距的原因。吳氏認爲：

> 蓋梓材也未見到原稿本，其所見之「黃氏原本」，其實是盧鎬所藏之全祖望修補之底本；一指黃氏後人據原稿本鈔錄的副本，此即全氏所據以修補，又經黃璋等人校補之本。〔註4〕

此爲吳光先生所持之看法，認爲王梓材所見之「黃氏原本」並非「梨洲黃氏原本」，而是指盧鎬所藏之稿本；亦或是指全祖望由黃氏後人處所得之稿本，後又經黃璋校補之本。雖然如此解釋版本之流傳並無疑異，但若實際就編纂者相互之關係進行推論，就有其可再商確之處。

黃百家在過世之後，其生前所編纂之稿本，雖然未明載其去向，但此份稿本無疑就成爲「黃氏原本」而存在。在〈考略〉中「梨洲黃氏原本」第二段案語寫到：「梨洲之孫證孫取之淮陰楊氏久而復得」之語，可見當日寄給楊文乾校補用之稿本，在不久之後，又回歸於黃宗羲的孫子黃千秋所有。以此來看，雖然當時黃千秋將稿本經由胡泮英之手轉交付給楊文乾，但黃千秋在不久之後又取回此份稿本。同樣情況也被馮雲濠寫在「餘姚黃氏校補本」當中：

> 抑黎洲之孫證孫，既得原本于淮陰楊氏，迺大俞、平鯆父子校補，猶待盧氏所藏底稿，是亦知《學案》當如全氏修補矣。〔註5〕

可見在黃氏家族當中確實是保有一份「梨洲黃氏原本」稿本。〔註6〕而由引文可知黃璋所得稿本之來源共分爲二處：一是經由黃千秋所保存下來的「梨洲黃氏原本」，也就是經過胡泮英之手的稿本；另一則爲「全祖望校補本」，後經由盧鎬所收藏的稿本。此即吳光先生所認爲藏於「梨洲文獻館」之稿本。〔註7〕雖然這二處不同來源的稿本都匯集到黃璋之手，但主要的校補依據還是以「全祖望校補本」爲主。

在〈考略〉當中，對於全祖望如何得到《宋元學案》稿本並進行校補工作這點，並未多加考證。但根據《清全謝山先生祖望年譜》乾隆十一年條當中所載，大致說

〔註4〕吳光先生，《黃宗義著作彙考》，〈宋元學案補考〉，頁37。

〔註5〕《增補宋元學案》，冊一，〈考略〉，「餘姚黃氏校補本」，頁5。

〔註6〕黃千秋所擁有的「梨洲黃氏原本」，因爲已經過數人之手，料想已非「梨洲黃氏原本」原始的面貌。然究其來源，依然可歸類在「梨洲黃氏原本」當中。

〔註7〕吳光先生在其〈宋元學案補考〉一文，頁43，當中提到在「梨洲文獻館」所藏「黃璋校補本」，在各卷本案名之下的署名，大多是「遺獻黃梨洲先生原稿，男百家纂輯，後學全祖望續修，元孫黃璋校補」的字樣。在文中出現了全祖望以及黃璋的題名，代表出此一版本也是由全祖望處所承襲而來，換句話說，也就是由盧鎬處所寄示的二十冊版本。

明了全祖望從事修補《學案》之時機：

> 乾隆十一年丙寅，仍錄耆舊詩，兼修南雷黃氏《宋儒學案》。春杪至湖上，遂自苕上至吳門，寓陸氏水木明瑟園，舟中取南雷《宋儒學案》未成之本，編次序目，重爲增定。夏過維揚馬氏畬經堂，編纂《學案》。〔註8〕

從康熙四十八年（1709年）黃百家辭世到乾隆十一年（1747年）首見全祖望纂修《宋元學案》的記載，其中間隔了三十八年。全祖望在乾隆十一年一年當中，除了經過「陸氏水木明瑟園」與「維揚馬氏畬經堂」兩藏書處外，並且同時進行了《宋元學案》的校補工作。而在此三十八年的歲月中，並無記載全祖望如何得其稿本以進行校補，並且距離黃百家辭世所間隔的時間已有相當歲月，期間稿本勢必已經過部份傳抄校補的過程，因此全祖望所得之稿本，相當有可能非黃氏父子當初所遺留之原始稿本。陳金生與梁運華二位先生在其所點校之《宋元學案・點校前言》中認爲，〔註9〕全祖望撰寫〈梨洲先生神道碑文〉是應黃宗羲的子孫黃千人所請，〔註10〕因此加以推斷，全祖望所得之《宋元學案》稿本，亦是由黃千人處所得，並且應他的請求進行編纂。雖然如此推論合於情理，但全祖望在其〈仲春仲丁之鸛浦，陪祭黎洲先生〉一文中，對於託其進行《宋元學案》校補一事，作了如下的記載：

> 黃竹門墻尺五天，辦香比日尚依然。千金几自綿薪火，三逕勞君盼渡船。主人正在岸上迓予舟。酌酒消寒欣永日，挑燈講學憶當年。《宋元儒案》多宗旨，肯令遺書嘆失傳。時臨之屬予續成先生《宋元學案》。〔註11〕

臨之爲黃千秋之字，雖然全祖望〈梨洲先生神道碑文〉一文是應黃千人所請而作，但由全祖望在文後自注中所寫，請其校補《宋元學案》之人係黃千秋，並非黃千人。因此全祖望所取得之稿本來源，並不如陳金生與梁運華二位所推論般，是由黃千人處所得。全祖望係依據黃千秋所復得之「梨洲黃氏原本」，來進行增補修訂《宋元學案》之工作。王梓材並說：

> 梓材謹案：謝山先生修補《學案》，歲月之深如是，其卒在乾隆二十年乙亥，前歲甲戌猶治《水經》兼補《學案》，……故《月船盧氏詩稿》自注云，《宋元學案》經豐史謝山兩先生續葺，尚未成書。〔註12〕

雖然全祖望在其有生之年並未能將其對《宋元學案》之校補加以完稿，但全祖望所

〔註8〕《清全謝山先生祖望年譜》，頁33。

〔註9〕陳金生、梁運華點校，《宋元學案》（台北：華世出版社，1987年），〈點校前言〉，頁2。

〔註10〕黃千人字證孫，黃宗羲孫，其生卒年未詳。

〔註11〕《全祖望集彙校集註》，下冊，《鮚埼亭詩集》，卷四，頁2117。

〔註12〕《增補宋元學案》，冊一，〈考略〉，「謝山全氏修補本」，頁3。

完成之校補部份，卻是日後所有校補稿本及刊本的基礎。在日後王梓材與馮雲濠二人進行增訂校補時，是以全祖望所遺留之稿本作爲基礎，佐以其餘諸本作爲參照來進行。王梓材在〈校刊宋元學案條例〉中第二條提到：

> 是書既經謝山歷年修補，自當從謝山百卷之目，梨洲後人亦刻謝山于續修，而別爲八十六卷之目。〔註13〕

全祖望所投入之心力，得到包括黃氏族人等後人的認可，因此對於全祖望所確立之百卷卷目，抱持著遵循的態度。這裏所稱之「梨洲後人亦刻謝山於續修」，既然能將全祖望編纂之工作刻爲續修，代表黃宗羲的後人是在全祖望過世之後才參與《宋元學案》之編纂工作。而就編纂者來看，黃宗羲之後人所指應當是黃璋，而其所刻之本亦就是其所校補之稿本。因此王梓材在校刊《宋元學案》時，是知曉有黃璋所校補之稿本存在，否則並無法得知「刻謝山于續修」以及「別爲八十六卷之目」等這些在其編纂版本上所存有之特點。

王梓材所提到的「《宋元學案》經豐史謝山兩先生續葺，尚未成書」，說明全祖望同樣也未將《宋元學案》成書，而是以遺稿的形式傳於後世。在前文所引用之〈考略〉「謝山全氏修補本」後之案語可知，全祖望諸弟子當中，不只盧鎬一人承接了全祖望的遺稿，同時的蔣學鏞和董秉純等人，同樣也擁有了全祖望部份的遺著。王梓材在案語中寫到：

> 梓材嘗聞之董茂才，均曰：謝山先生將卒，以餘稿歸先祖。先祖爲輯《鮚埼亭集外編》五十卷，以《續甬上耆舊詩集》歸蔣樗庵先生，樗庵亦爲輯錄成編。以《宋元學案》屬之盧月船先生，月船鈔錄未完，蓋其事較難措手云。〔註14〕

這段引文是以蔣學鏞之孫婿董瀚作爲敘事者，來描繪盧鎬得到全祖望《宋元學案》遺稿本的過程。《宋元學案》稿本之歸屬問題，在此有了較爲明確之記載，同時也表達出盧鎬並未完成鈔錄全祖望《宋元學案》遺稿的工作。對此，在〈考略〉「樗庵蔣氏所藏底稿殘本」中，卻有不同情況的記載：

> 梓材謹案：蔣氏藏本，後歸樗庵孫婿董茂才瀚，董又歸之同邑阮明經訓。顧其本，多與盧氏本複，然其不複者，……謝山著錄甚詳，……不得以殘本少之，其本帙尾有六十卷之目，是謝山未定〈序錄〉時之目，或即耒史所編之目也。〔註15〕

〔註13〕同上引書，〈校刊宋元學案條例〉，頁1。
〔註14〕《增補宋元學案》，冊一，〈考略〉，「謝山全氏修補本」，頁3。
〔註15〕同前引書，「樗庵蔣氏所藏底稿殘本」，頁3。

以此可見，在全祖望辭世後之《宋元學案》遺稿，不單是只遺留給盧鎬，在蔣學鏞所分得之遺稿中，亦雜入了部份《宋元學案》稿本，也因此才會出現「盧鎬所藏底稿本」與「樗庵蔣氏所藏底稿殘本」二種同一時期之版本。並且蔣學鏞和盧鎬兩人所持之稿本，顯然並非是全祖望所編纂的同一時期同一版本，同時盧鎬與蔣學鏞也並非共同的進行校補工作，而是彼此分頭進行，也因此才會產生在內容上複與不複的現象。此外，在「樗庵蔣氏所藏底稿殘本」末尾中有寫明六十卷之目，這亦可充分說明，這份稿本與全祖望在「二老閣」所刊刻百卷本〈序錄〉之稿本，並非同一時期之稿本，有可能係全祖望較早進行編纂之稿本。就全祖望所留遺稿來看，其流傳和分支總共可以分源出去四種版本，分別是「二老閣鄭氏栞本」、「盧鎬所藏的底稿本」、「樗庵蔣氏所藏底稿殘本」、「餘姚黃氏校補本」，再加上盧鎬和蔣學鏞兩人所分別傳於後人的版本，他們之間的關係，可以簡單的顯示如下：

附表 3：全祖望版本流傳表

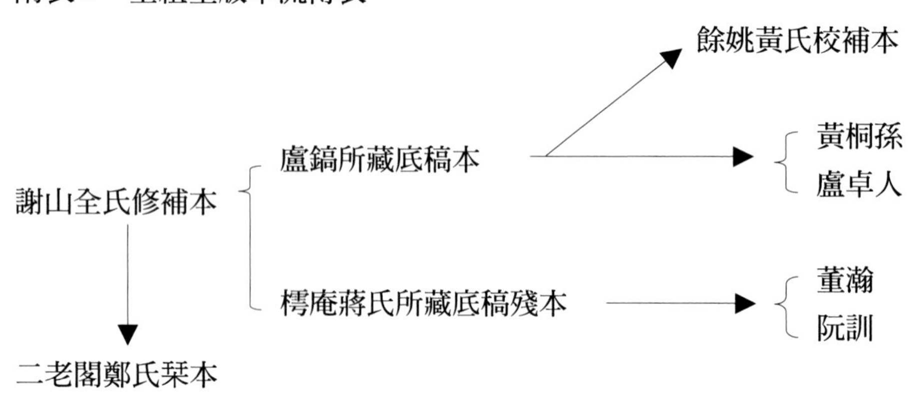

上表可用以作爲全祖望校補本流傳情況之簡單說明。盧鎬所持有之稿本標有百卷的〈序錄〉，而蔣學鏞所持之稿本，則標爲六十卷之目。若以現今所見之刊本爲主，反觀當時蔣學鏞所持稿本之卷目分劃，似乎沒有盧鎬所持之稿本來得詳細。以卷目劃分來看，「樗庵蔣氏所藏底稿殘本」的版本年代不但在「盧鎬所藏底稿本」之前，更有可能是在「二老閣鄭氏栞本」之前的版本。也因此，王梓材才會懷疑其是否爲黃百家所纂稿本之原貌，也就是黃千秋在託囑全祖望進行校補工作時，所交付之稿本。

全祖望所遺留給盧鎬和蔣學鏞二人之稿本，相繼成爲《宋元學案》編纂歷程中的版本，這其中又以盧鎬所藏之稿本對於日後刊刻之版本影響最大。就吳光先生對於「梨洲黃氏原本」所作之考證來說，他指出二種關於此最可能之版本，都是建立在「盧鎬所藏底稿本」之上。由此應當可以得出「黃氏後人→全祖望→盧鎬→黃璋」這樣的稿本流傳順序，但就編纂者之關係而言，如此版本之傳佈過程，卻並非如此之簡單。王梓材在〈考略〉案語中，共有二處提到「盧鎬所藏底稿本」。

第一處爲「月船盧氏所藏底稿本」中所言：

> 梓材謹案：謝山先生卒，其書多歸同邑抱經樓盧氏，《學案》之稿亦雜入其中。……特取《學案》於抱經宗人，而稿已不全，因手錄之騰寫者半，未及騰寫者半，而月船又卒，其稿與騰本蓋庋藏于月船家者已八十年，始月船外孫黃支山孝廉桐孫，嘗以是本攜至安徽康中丞節署，徧訪皖江諸子，謀完是書未果，中丞移節廣東，又訪粵海諸子，亦未獲克任校釐者。〔註16〕

此處提到之「盧鎬所藏底稿本」，是指盧鎬留存在自家中，並傳於子孫的版本。後由盧鎬的外孫黃桐孫謀刻於皖粵諸賢而未果。

第二處爲「餘姚黃氏補本」中引黃直垕所言：

> 梨洲七世孫直垕跋云：先遺獻公于《明儒學案》外，又輯《宋元儒學案》，尚未成編而卒，命季子主一公纂輯之。其後謝山全庶常又續修之。大父曾向全氏索觀而不得，全氏歿配京寄示底稿二十冊，續寄〈序錄〉一卷，大父得之欣同拱璧。〔註17〕

此處所提到之「盧鎬所藏底稿本」，係指盧鎬在全祖望過世之後寄示給黃璋，以提供他進行校補之稿本。黃璋得到全祖望校補本之時間，同時是產生「黃璋校補本」之時間，應當是在全祖望過世之後才得以產生，也就是由盧鎬尚存於世之時所寄給黃璋進行校補用的稿本。〔註18〕

就上述二處王梓材所列舉之「盧鎬所藏底稿本」來看，顯然所指並非爲同一份稿本。若就版本先後之時間點來看，其一係指：「其稿與騰本蓋庋藏于月船家者已八十年」，留存於盧鎬自家中之稿本；而另一份則是指：「全氏歿配京寄示底稿二十冊，續寄序錄一卷」，寄給黃璋以作校補用之稿本。因此這二份雖然同樣都源自於「盧鎬所藏底稿本」之稿本，但並非爲同時期產生之稿本。

盧鎬在過世之後，其稿本交由黃桐孫以及盧卓人二人所保管。王梓材在其道光十四年版本所作〈考略〉當中稱其「梓材歸而假諸月船之孫卓人茂才，得錄十九帙

〔註16〕 同前引書，「月船盧氏所藏底稿本」，頁4。

〔註17〕 《增補宋元學案》，冊一，〈考略〉，「餘姚黃氏補本」，頁5。

〔註18〕 依吳光先生所言，「黃璋校補本」現藏於梨洲文獻館，扣除重複的鈔本，共分爲五十二卷，分裝二十冊。

之七」，所指顯然是這一份藏於盧鎬後人家中的稿本。〔註 19〕而第二份「盧鎬所藏底稿本」則是承續全祖望之遺稿，也就是「謝山全氏修補本」而來，這應當是盧鎬尚在世之時所發生的事，也因此才會有寄示底稿給黃璋的情事發生，而這一份稿本也就成為「黃璋校補本」其中之一的來源。

盧鎬外孫進行謀刻《宋元學案》與黃直垕鈔錄盧鎬所寄示給黃璋的稿本，應當視為不同之編纂計劃，是二人分持不同的稿本在各自進行。因此在全祖望手中的《宋元學案》稿本，在傳給盧鎬之前，還是以唯一的版本存在。而在全祖望過世之後，此稿本便一分為二，一是盧鎬寄給黃璋校補的稿本，另一則是盧鎬自身家藏的稿本；也就是說，此稿本在盧鎬典藏時，已經謄為二份，或是本就分屬於不同之版本，致使「盧鎬所藏的底稿本」在當時有兩種版本同時並存於世，也就成為後世流傳稿本的開端源頭之一。而「盧鎬所藏底稿本」與「黃璋校補本」這兩種稿本均是全祖望過世之後才產生的稿本，是盧鎬承續全祖望的遺稿之後才得以產生。雖然這兩份應當被視作為不同的版本來處理，但是在版本的分源點上則是同樣來自於「盧鎬所藏底稿本」。因此，吳光先生所稱之「盧鎬所藏底稿本」和「黃璋所校補之本」這二種本子應當視作為二份不同之版本來處理。而第二份版本更是經由黃璋處所傳，進而發展成為「黃璋校補本」，並由黃徵乂以及黃直垕等人所接續編纂的工作。

吳光先生在其〈宋元學案補考〉一文中，特別將「黃璋校補本」視作為馮雲濠與王梓材進行校刊時所未見的稿本；此一觀點頗有其可議之處。

首先：王梓材在校刊《宋元學案》時，不論其是否見過「梨洲黃氏原本」，或是否有依「黃氏原本」進行校補，他在〈考略〉當中已然列出「梨洲黃氏原本」，代表王梓材是知道有此版本之存在。並且「梨洲黃氏原本」是所有「宋元學案」版本的源頭，沒有「梨洲黃氏原本」也就不會有後世所傳之各種版本出現。因此，王梓材不至於將「梨洲黃氏原本」和「餘姚黃氏校補本」二種版本混為一談。何況在〈考略〉當中另外又列出了「餘姚黃氏校補本」，顯見王梓材最少知道有此二種版本的存在，並明瞭其中之差異應當分為不同之版本作處理。依王梓材在〈考略〉「餘姚黃氏校補本」中引黃直垕之跋語，敘述自其大父黃璋始，至黃直垕自身為止，所記載得到稿本以及編纂的過程。在此記載當中已經表示出馮、王二人也是知曉有此稿本。然而在現今《宋元學案》當中，卻未見黃璋、黃徵乂及黃直垕三代所寫之任何案語。此種特殊的狀況，很有可能是馮、王二人見過「黃璋校補本」，但基於某些原因卻並

〔註 19〕此版本台灣未藏，故筆者轉引自吳光先生〈宋元學案補考〉一文，《黃宗義著作彙考》，頁 46。

未加以引用；或是並未親見此版本，而在根本上忽略此三人的案語。但不管如何，黃璋等祖孫三人的案語不存在於馮雲濠和王梓材所編纂的《宋元學案》的版本中這點，並不能證明馮雲濠和王梓材在校補《宋元學案》時，並未知悉有此版本之存在。

其次：吳光先生所謂之「黃璋校補本」，所指應是包含了黃璋所校補過而寫下案語之版本。若以此爲標的，則現今包含有黃璋所寫案語之「黃璋校補本」，似乎並不止於吳光先生所言在「梨洲文獻館」所藏之「黃璋校補稿本」一種。在中央研究院傅斯年圖書館中亦藏有一包含大量黃璋所寫案語的《宋元儒學案》版本。〔註20〕此一版本有多項不同於原本「黃璋校補稿本」之特點：

第一：「黃璋校補稿本」中，並無〈總目〉及卷次部份。〔註21〕而在「黃璋校補謄清本」中，這兩部份均有相當詳盡和完整之內容，並且「黃璋校補謄清本」之起頭部份，是以全祖望所作之〈發凡〉爲始，這是別種版本所沒有之內容。〔註22〕

第二：「黃璋校補謄清本」所分卷數爲七十八卷，較吳光先生所列「梨洲文獻館」藏本的五十二卷本「黃璋校補本」，要來的更爲接進全祖望在「二老閣鄭氏栞本」中〈序錄〉以及後世所刊行之百卷本的規模。〔註23〕

第三：總目下之題名寫到：

遺獻黃梨洲先生藁　男百家纂輯元孫璋六氏孫徵乂校補
後學全祖望續修

在這題名中，相當值得注意的是，全祖望也列名其中。並且依題名的樣式來看，與吳光先生所引之「梨洲文獻館」藏「黃璋校補本」的樣式雷同。若依前文所推論「黃璋校補本」有二種版本來源的可能性來看，「黃璋校補謄清本」似乎較符合於後者，也就是由「盧鎬寄示二十冊」所產生之版本。如此才會經過全祖望的校補，並且題名於其中，而這樣也就和「梨洲文獻館」的藏本是屬於同樣來源。

〔註20〕此版本雖已有書名爲《宋元儒學案》，但在版本歸屬上，可劃歸爲「黃璋校補本」之脈絡。也由於此一版本已然謄繕完備，故筆者將其命之爲「黃璋校補謄清本」。

〔註21〕吳光先生，〈宋元學案補考〉，《黃宗羲爲作彙考》頁 39。

〔註22〕在現今已知的版本刊本當中，除此版本外，幾已全爲何凌漢與何紹基父子所作序言代之。

〔註23〕「黃璋校補謄清本」藏本的分卷上有著相當大的問題，即全祖望所作〈序錄〉的分卷與內文校補過的分卷有相當大的出入。將在轉引自吳光先生〈宋元學案補考〉一文，《黃宗羲著作彙考》，頁 46。

第四：卷一下之題名：

遺獻黃梨洲先生藁　男百家纂輯元孫璋六氏孫徵乂校補
後學全祖望續修慈谿後學馮雲濠錄

此處之題名和總目下之題名相較，多了馮雲濠之名。若就吳光先生所言，王梓材與馮雲濠二人均未見「黃璋校補本」，何以在此會出現馮雲濠之名？若爲後人所擅加，何以當時一同校補之王梓材不一併列入呢？較爲可能之推論是，「黃璋校補本」既然有二種版本來源，在彙集至黃璋處後，並未將此二種版本作一整合，而是相互參照整理出一份較爲完整之稿本，但此稿本卻也並不是容納二種版本之所有內容。「梨洲文獻館」藏本中，有黃璋手寫之批註語，但到了「黃璋校補謄清本」時，並未見此類似之批語。其不是被略去，就是已貫徹於內文之中，是經過謄清的本子。如此在傳到黃璋與黃徵乂父子手上的二份稿本，雖然是經過校補整理，但原先的稿本還是依然的存在，並沒有因爲稿本的整合而被刪除，也就演變成現今分藏「梨洲文獻館」的鈔稿本與「黃璋校補謄清本」的謄清本二種。

再者，馮雲濠列名於其中的現象，代表了馮雲濠是瞭解有此一稿本之存在，也極有可能參與其中編纂校補之工作。而此一版本產生之時間，顯然較王梓材進行校補爲早，故其中並未列有王梓材之名。因此也可看出馮雲濠較之王梓材更早接觸《宋元學案》的編纂工作，同時馮雲濠與與黃氏家族在相當程度之上的接觸，也較王梓材要來得更爲密切。

王梓材在其道光十四年（1834 年）的鈔稿本所寫〈考略〉中提到了相關的情況：

> 甲午秋試，慈水馮君五橋以姚江黄氏本錄呈石士先生，其書亦採全氏而更異其卷爲八十餘卷。石士先生欲見全氏底本，梓材歸而假諸月船之孫卓人茂才，得錄十九帙之七。〔註 24〕

以此引文來看，馮雲濠已經得到了「姚江黃氏本」，並將之呈獻給陳用光過目。王梓材用了一「歸」字代表馮雲濠呈書一事已然結束，所以王梓材是知曉有此一稿本之存在，甚至於在與馮雲濠接觸的過程中有見過這稿本，之後王梓材才有進一步訪求其餘諸版稿本之計劃。而前面所寫之「其書亦採全氏而更異其卷」，更明顯的是另外對於「全祖望稿本」進行校補過的「黃璋校補本」才會有之情況，否則無法「更異其卷」，也因此全祖望之名才會出現其中。在此似乎可以作一推論，馮雲濠所呈的「姚

〔註 24〕此版本台灣未藏，故筆者轉引自吳光先生〈宋元學案補考〉一文，《黃宗義著作彙考》，頁 46。

江黃氏本」也就是「黃璋校補本」，也同時就是「黃璋校補謄清本」之版本。如此推論之理由有三：

第一、除了先前所稱同樣具有經黃璋校補所寫的案語之外，「黃璋校補謄清本」的〈跋尾〉識語部份是由諸豫宗所撰寫，他寫到：

> 今春，學使陳石士少宗伯命馮柳東廣文搜訪是書，廣文以屬豫宗，遂假從黃氏，……因與先生裔孫敬齋排次先後，得七十八卷，……道光甲午中秋諸豫宗謹識。〔註25〕

諸豫宗在此署名的時間，與馮雲濠呈給陳用光的時間可以說是相當的巧合，同樣都是在道光十四年的秋天。因此推論這部《宋元學案》的稿本與馮雲濠呈給陳用光的稿本，由於在時間點上的巧合，相當可能是指同一版本，或是屬於同一來源之版本。因此，至少在道光十四年時，馮雲濠已經見過此稿本。

第二、在文中所稱被陳用光所命執行訪書的人是馮登府，〔註26〕恰恰與馮雲濠同宗。如此二人同里同宗的出現在《宋元學案》的編纂者當中，這樣的情況並不多見。雖無法詳細考證出此二人之關係，但極有可能彼此間具有親屬間之聯繫。

第三、另外尚有一重要之線索。就如第四條所表列般，「馮雲濠」之名出現在卷一的題名中。更可說明馮雲濠不論其參與此版本刊校之程度有多深，最少依其有題名這點來看，馮雲濠確實是知曉有此版本之存在。

由以上三點來看，馮雲濠所呈給陳用光過目之「姚江黃氏本」，與「黃璋校補謄清本」係指同一來源之版本，甚或即同一份版本，都是由盧鎬所寄示〈序錄〉給黃璋之後所產生的「黃璋校補本」而來。因此「黃璋校補謄清本」所藏的稿本，包含了大量黃璋校補的成果，同時也和王梓材之後所校補的稿本有所不同，以此更加可以視作爲「黃璋校補本」的另一種版本。

儘管黃璋所得之稿本，其面貌已經不同於梨洲原本，是全祖望過世後由盧鎬處所接收到的校補本，但黃璋依然將謝山列爲續修，反映其對於全祖望進行校補工作之認同和其產生之版本的重要性。由「自嘗從謝山百卷之目」，也可顯示出王梓材對於全祖望校刊之成果亦是持認同之態度。但這裏亦產生出另一問題，據王梓材所言，

〔註25〕 諸豫宗字立凡，號笠颿。浙江餘姚人。生卒年不詳。修有《西寧縣志》道光十年刊本。

〔註26〕 文中所稱馮登府者，其生卒年不詳，與馮雲濠同爲慈谿地方望族之後。在相關地方文獻資料當中，並未記載馮雲濠與馮登府間之關係。在《宋元學案》〈考略〉與相關研究論著中，亦未提及其與《宋元學案》編纂版本之關係，僅在諸豫宗所撰〈跋尾〉部份稍有論及。因此，依馮姓氏家爲慈谿地方望族來看，馮雲濠與馮登府彼此當有可能爲親屬關係，並且共同參與到在道光十四年版本的編纂工作。

黃璋所得之稿本是八十六卷之目，是由梨洲後人黃璋以降三代子孫所列。而全祖望在〈序錄〉中所列舉之係百卷之目，這樣不同的分卷法，當有其問題所在。現今對於全祖望百卷本卷目之原貌已不可見，目前可見最早之卷目係全祖望在「黃璋校補謄清本」當中所作〈序錄〉部份內容所載。依〈序錄〉中之內容，總共將《宋元學案》區別爲八十六個學案，但卻不言卷數。而之後黃璋等人所進行之整理，形成在卷目當中所列七十八卷五十一個學案的面貌。因此王梓材所說「梨洲後人亦刻謝山于續修，而別爲八十六卷之目」，這樣的分卷法在黃宗羲後人「黃璋校補謄清本」的卷目上，是有其問題存在。〔註 27〕雖然馮雲濠知曉有「黃璋校補謄清本」之存在，並且相信王梓材也確知有此一版本，但這卻並未直接成爲馮雲濠和王梓材校補之底本。吳光先生在其〈宋元學案補考〉中，在「梨洲文獻館」所藏「黃璋校埔本」之後，又提出了一「馮雲濠王梓材手校鈔稿本」。吳光先生將此版本視作爲是合「黃璋校補本」、「月船盧氏所藏底稿本」與「樗庵蔣氏所藏底稿殘本」爲一書的謄清本。〔註 28〕如此就與「黃璋校補謄清本」的版本來源頗爲相似。並且就體例來說，亦有幾分相類似之處。〔註 29〕因此可以推論，吳光先生所指之「馮雲濠王梓材手校鈔稿本」事實上是馮雲濠與王梓材二人，以「黃璋校補謄清本」作爲基礎所校補的稿本，也可以說是一種在刊本問世之前的過渡版本。

黃宗羲與黃百家父子在歿世之後，他們著作的遺稿，被分散至數個地方所收藏，「二老閣」便是其中相當重要的收藏地。對於黃宗羲的遺稿而言，「二老閣」收藏的相當完整。全祖望在其〈五嶽遊人穿中柱文〉當中，便對於二老閣收書的情況作有相當生動的形容：

> 初，南雷之卒也，託志文於高州而未就，至是先生以屬之予。四方學者，或訪求南雷之學，不之黃氏，而之鸛浦，即黃氏諸孫訪求簿錄，亦反以先生爲大宗，蓋其報本之勤而篤也。〔註 30〕

這段話將「二老閣」所收藏黃宗羲著作之豐富情況，作了相當生動的描述。不論是訪學或是求簿錄，就連黃氏子孫都讓「二老閣」所收之梨洲的著作取代了黃氏本家之收藏，而著作收藏也代表了學術精神的延續，可見「二老閣」在梨洲之學的存續

〔註 27〕關於此一問題，請參見筆者碩士論文第五章第三節所作之討論。

〔註 28〕吳光先生在「梨洲文獻館藏黃璋校補稿本」處稱：「從〈考略〉、識語、〈跋尾〉看，馮、王二氏均未見此稿本」。但在「馮雲濠王梓材手校鈔稿本」中卻稱此本是王梓材合「黃璋校補本」等而來，顯然相互矛盾。

〔註 29〕關於體例部份請參見筆者碩士論文第四章〈《宋元學案》編纂體例之研究—「黃璋校補謄清本」與王梓材、馮雲濠百卷刊本之比較〉。

〔註 30〕《全祖望集彙校集註》，上冊，《鮚埼亭詩集》，卷二十一，頁 376。

和發展上作有相當之貢獻。同樣對於黃宗羲所編纂之《宋元學案》遺稿，必定有相當規模之收藏。因此，全祖望在「二老閣」所刊刻的「二老閣鄭氏栞本」就有了相當重要的價值。王梓材在〈考略〉當中作了如下的描述：

> 梓材謹案：謝山先生蓋又以《學案》謀刻於鄭氏第，所刻止〈序錄〉與第十七卷〈橫渠學案〉上卷，〈序錄〉爲謝山先生定本，百卷之次首尾完密，月船盧氏所藏底稿亦有〈序錄〉，其文多異，又少〈序錄〉者九，蓋其未定稿也。〈橫渠學案〉原本完全，故〈序錄〉而外，先以是卷付刻，其第十八卷已刻數版而輟，蓋刻於謝山末年，謝山卒而其事亦寢矣。〔註31〕

二老閣鄭氏所刊刻的《宋元學案》版本，是由全祖望所著手進行。當時全祖望想要刊行《宋元學案》，而鄭氏家族自黃宗羲以來就和黃家的關係密切，鄭性又和全祖望熟識，黃氏家族黃千秋又拜請全祖望參與校補《宋元學案》之工作，加以鄭性又有捐資刊刻意願，在諸多主客觀因素的加總之下，促成了全祖望校補的計劃。雖然最終二老閣所刊之版本並不齊全，僅有〈序錄〉及第十七卷〈橫渠學案上〉二卷部份，內容相當稀少。不過這〈序錄〉部份卻對於日後所有《宋元學案》之稿本而言，具有相當重要之指標性意義。其主要原因就如王梓材所言「〈序錄〉爲謝山先生定本，百卷之次首尾完密」，這是所有《宋元學案》版本中，最早出現百卷卷目的版本，也就是最爲接近現今所見之刊行本。然而這樣的分卷法，應當屬於全祖望晚期所作。在全祖望諸遺稿當中，「月船盧氏所藏底稿本」與「樗庵蔣氏所藏底稿殘本」這兩種版本之分卷數均較「二老閣鄭氏栞本」爲少，並且不若「二老閣鄭氏栞本」來得首尾嚴密。因此，王梓材便大膽推斷，同樣出自於全祖望之手的這三種版本，「二老閣鄭氏栞本」應該要比「月船盧氏所藏底稿本」和「樗庵蔣氏所藏底稿殘本」之版本年代要來的更爲晚些，是全祖望較爲接近完稿之版本。然而此正如王梓材所言「蓋刻於謝山末年，謝山卒而其事亦寢矣」，所有校補之工作都隨著全祖望的辭世而停頓下來。

「二老閣鄭氏栞本」除了〈序錄〉具有指標性的意義以外，尚有一待處理的問題。前文已提到，「二老閣」收藏黃宗羲的著作相當豐富，同時全祖望也持有黃千秋所託囑其編纂之《宋元學案》稿本。因此，在全祖望至「二老閣鄭氏」處進行刊刻時，應該是有兩種稿本在其手中。王梓材的案語謂其：「謝山先生蓋又以《學案》謀刻於鄭氏第所」，但馮雲濠卻將此說成「二老閣鄭氏校刻梨洲先生《宋儒學案》卷十

〔註31〕《增補宋元學案》，冊一，〈考略〉，「二老閣鄭氏栞本」，頁3。

七標云」。這兩句在語法上的主被動是完全相反，除了可將其理解成全祖望和鄭性兩人共同校補以外，更可以理解成是有兩份稿本存在於當時全祖望的刊刻行動中，一份為全祖望所擁有，另一份則為「二老閣鄭氏」原本所藏。

前文之論述，主要是以馮雲濠與王梓材二人在其編纂過程中，以見與未見各種稿本作為出發點，但馮、王二人所依據之稿本來源，卻也並非僅止於「梨洲黃氏原本」一處。王梓材在其道光十四年的鈔稿本所寫的〈考略〉當中，除了將何凌漢與陳用光兩人先後與《宋元學案》的關係作一個介紹以外，對於其自身校補刊刻《宋元學案》之經過，及取得稿本之來源也略作有說明：

> 《宋元學案》一書，姚江黃梨洲先生原本，其子百家述之而吾鄞全庶常謝山先生補之者也。原本六十卷，謝山定為一百卷。嘗與鸛浦鄭氏謀刻之，僅刻〈序錄〉與第十七卷〈橫渠學案〉而止。其稿歸及門盧月船先生家，今已散逸者半，惟存鈔本十九帙云。歲壬辰，何少司空先槎先生試士及寧，特問此書，梓材未有以對。癸巳冬，陳少宗伯石士先生試以《宋儒學案》考，與試者互相稱述，始悉是書之詳。甲午秋試，慈水馮君五橋以姚江黃氏本錄呈石士先生，其書亦採全氏而更異其卷為八十餘卷。石士先生欲見全氏底本，梓材歸而假諸月船之孫卓人茂才，得錄十九帙之七。……小巖明經阮君過館見之，云其家有殘本四秩，前歲得之董茂才翰。董亦吾鄞世家，則其書亦謝山本也。〔註32〕

以此段引文來看，王梓材取得稿本之來源可概略分為三處：一、「月船盧氏所藏底稿本」，得之於盧鎬的孫子盧卓人處。二、「樗庵蔣氏所藏底稿殘本」。三、馮雲濠手中所擁有的「姚江黃氏本」。這三種稿本顯然是王梓材編纂《宋元學案》時主要依據之稿本。王梓材當時所見到的這些稿本，除了「姚江黃氏本」（也就是「黃璋校補本」）外，其餘均已殘缺不全，沒有一份完整之稿本。「月船盧氏所藏底稿本」已經「散逸者半」，「樗庵蔣氏所藏底稿殘本」所藏只餘四帙。在如此殘缺的情況之下，相互參訂，無疑是最好的方法，加上馮雲濠所持之「姚江黃氏本」（在道光十四年以前所鈔錄的稿本），一共是三種版本互相之間在進行參訂，而參訂之依據就是以全祖望〈序錄〉所定之百卷卷目為依歸。

王梓材於道光十四年十二月寫作之〈宋儒學案識語〉當中就提到了：

> 小巖明經阮君過館見之，云其家有殘本四帙。〔註33〕

〔註32〕道光十四年「馮雲濠、王梓材手校鈔稿本」〈考略〉，此版本台灣未藏，故筆者轉引自吳光先生〈宋元學案補考〉一文，頁46。

〔註33〕此版本台灣未藏，故轉引自吳光先生，〈宋元學案補考〉一文，頁46。

《宋元學案》第一次完整的刊刻版本是在道光十四到十八年（1838 年）之間，由馮雲濠出資、王梓材校刊、何凌漢作序所刊刻完成之「醉經閣刻本」，其之所以是第一次刊刻本，也就是因爲此版本在產生之後不久就遭到燬壞。何紹基在〈敘言〉中寫到：

壬寅春，馮氏書版燬於兵火，幸臒軒所呈印本，尚存余家。〔註 34〕

王梓材在〈總目〉後所作之識語當中，有更爲詳盡之描寫：

戊戌之夏，是書百卷刻竣於谿上，……辛丑二月，梓材服闋北上，亦照寫一本并攜補遺稿本而行，時海氛不靖，未克命工修理。版藏五橋家，既慎且固。而是刻之，不即印刷行世者，亦以昭愼重也。未幾夷匪深入吾郡，延及慈水。壬寅二月初旬，五橋居室被燒，是版亦燬，幸而梓材行篋所留一部，巋然尚在。〔註 35〕

綜合上二段引文所言，馮雲濠與王梓材在道光十八年（1838 年）時所刊刻的刻本，在刊刻之後，總共分成爲二份。《宋元學案》第一次的刊刻成書是在道光十九年（1839 年）時，而在第三年也就是道光二十一（1841 年）年，由王梓材再行鈔錄一份攜至京師。所以一直到道光二十二年（1842 年）馮雲濠所藏的版本被英法聯軍戰爭燒燬之前的三年時間，《宋元學案》是有兩份版本存在於世。在道光二十二年之後，僅餘王梓材攜帶到京師，收藏於何紹基處的版本存在（簡稱爲京版）。而在「光緒五年長沙龍汝霖重刊本」中，龍汝霖所寫的〈跋尾〉對此情況有補充的說明：

《宋元學案》百卷，道光戊戌刊於浙江，後值夷變，版燬。道州何氏重刊於京師，旋災於火。浙版後雖復刊，秘度慈谿馮氏。夫歲見子璋，計偕京師令求是書，卒未得也。〔註 36〕

龍汝霖提出了二次刊刻，也就是王梓材帶給何紹基的「京版」版本，並將第一次刊刻的版本稱作爲「浙版」，「京版」在不久之後也遭逢祝槃之災。那第二次刊刻所依據的版本爲何呢？龍汝霖稱「浙版後雖復刊」，其意當是指，馮雲濠所藏之本雖被燬於兵火之下，但稿本並未燬壞，依然可進行二度刊刻，但此版本爲馮氏所珍藏，並未輕易示人。龍汝霖所稱「京版」也燬於祝槃當中，初以爲「京版」就此絕跡，但實際並非如此。龍汝霖〈跋尾〉後段部份，寫到了他刊刻所依據的稿本來源：「爰取李仲雲都轉所藏何氏本」。由此可見，雖經幾次火災，將「浙版」以及「京版」都燒掉了，卻並未影響到稿本之存在，甚至於刊本都可能不止一份，使得王梓材與馮雲

〔註 34〕《增補宋元學案》，冊一，〈敘〉，頁 2。
〔註 35〕同上引書，〈總目〉，頁 13。
〔註 36〕「光緒五年長沙龍汝霖寄廬重刊本」，現藏「國家圖書館善本書室」。

濠均有機會對其重新加以修補。並造成第二次由何紹基出資刊刻，於道光二十五年所完成之第二次刊刻。

《宋元學案》之編纂，係集合眾人之力方得以完成之著作，如此的特色一直維持到龍汝霖刊刻爲止不變。參與《宋元學案》版本刊刻的人物，不論是捐資或是執筆，都表現出眾人之力的特色。龍汝霖的在其〈敘言〉中提到：

> 同志君子，楊石泉中丞、龔雲浦軍門、吳誠齋方伯、蘇子溪軍門、儲鶴翹都轉、黃雲笒都轉、朱宇田廉訪、張力臣方伯、黃子壽方伯、陶少雲廉訪，出資若干金，不足者汝霖益之。爰取李仲雲都轉所藏何氏本，屬王君豫，胡子彝、子政分任讐校，翻刻傳之。

龍汝霖在此文中，總共提出了十四位分別以集資、讐校、提供稿本等不同方式參與編纂工作的編纂者，加上龍汝霖本身，總計十五人，可說是相當典型的集眾人之力刊刻的例子。此版本刻成於光緒五年（1879 年），較馮雲濠與王梓材之刊本更晚，因此在現今刊本當中，泱大部份均有龍汝霖所作之〈跋尾〉。

在黃宗羲死後約 139 年（康熙三十四年～道光十四年），《宋元學案》才得以付刻成書，中間經過了相當漫長的時間，也投入了相當多的人力；而最後成書刊刻出力最大的當屬於王梓材，可以說若無王梓材對於刊刻的兩次貢獻，《宋元學案》一書的成書時間可能還要再往後延遲下去。龍汝霖在〈跋尾〉的部份也對於當時的情況有所描寫：

> 《宋元學案》百卷，道光戊戌刊於浙江，後值夷變版燬，道州何氏重刊於京師，旋灾於火，浙版後雖復刊，秘庋慈谿馮氏，世罕傳購，夫歲見子瑋，計偕京師令求是書，卒未得也。〔註 37〕

由這段話可以看出馮雲濠、王梓材與何紹基三人在道光年間多次校補刊刻的努力過程。所不同的是，龍汝霖所得到的資訊是在道光年間總共刊刻了三次，而並非如王梓材所言只有二次的刊刻。這樣認知上的差距較爲有可能的推論是，龍汝霖所知道的「何氏本」燒燬的事件是在王梓材過世之後才發生的事，也就是在咸豐元年（1815 年）之後才發生。而龍汝霖在〈跋尾〉中所稱「京版」（「何氏本」），並未提及何紹基的參與，也未提及李仲雲以何種方式得到「何氏本」，因此也很有可能是在何紹基同治十二年（1873 年）過世之後，所發生的燒燬事件。也就是最早龍汝霖有可能進行校刊《宋元學案》的年代。因此現今所見的刊本，所依據的底本概略分爲「道光二十五年道州何氏刊本」以及「光緒五年長沙龍汝霖寄盧重刊本」這二種版本爲主。

〔註 37〕《宋元學案》，光緒五年長沙王梓材刊本。藏於國家圖書館善本室。

主要的差異點就是在於有無龍汝霖所作〈跋尾〉的部份。

至此版本的流傳約略可以建構出如下的流傳圖：

附表 4：道光十八年～二十五年《宋元學案》刊本流傳表

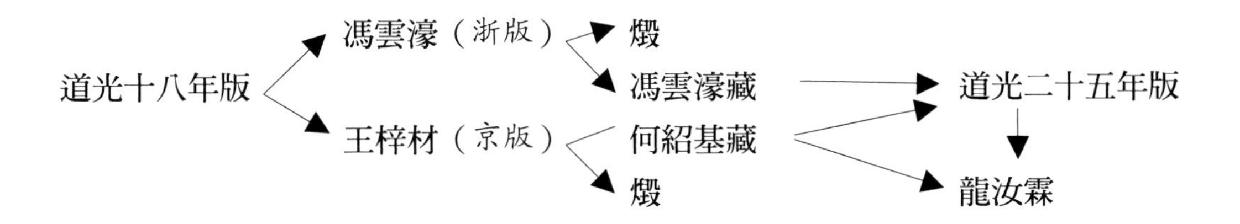

第二節　《宋元學案》書名之定名問題

書名之決定，關係到很多書寫筆法和閱讀感受等不同的層面。一般來說，書名通常是依照內容所決定出來的。同樣也可以將其反過來解釋，書名規範了書中的內容。〔註 38〕《宋元學案》一書的定名，在其漫長的編纂過程中，就是個相當值得論述的課題。在前文中討論了編纂者以及編纂版本與黃宗羲間之關係，而對於黃宗羲而言，《明儒學案》之編撰與成書時間，均較《宋元學案》來的早，因此對於《宋元學案》來說，《明儒學案》是部既成之作，這點無疑是替《宋元學案》提供了一個相當有經驗價值的範本，而這樣的範本是建立在以單一朝代的學術系譜作爲學術討論範疇的書寫體裁。在此一前題之下，《宋元學案》這樣以兩個朝代合爲一書的論述範疇，明顯與《明儒學案》之間有著相當大的差異。

全祖望在〈梨洲先生神道碑文〉中所作之記載，正可以用來反映出他在編纂《宋元學案》時所面對到黃宗羲原始寫作構想的一種思考模式。在這思考模式之下，《宋元學案》依舊是沿襲著黃宗羲《明儒學案》的思路在進行。黃宗羲對於《宋元學案》早期之寫作構想，最少在全祖望著手進行增補《宋元學案》之前所見到之稿本，係分爲《宋儒學案》與《元儒學案》兩部份，因此文中的書寫就變成爲《宋儒學案》與《元儒學案》二個朝代獨立的學案。

全祖望在敘述學案時的思考模式，基本上是建立在「以志七百年儒苑門戶」這個對於黃宗羲志向的理解基礎之上，從而這樣的理解也可認爲是對於學術傳承的一種體認，也就是學術的傳承應當是一脈相承，並不會受到政權交遞的影響而出現斷

〔註 38〕書名與內文之間也並非都是如此相應的關係。對於近現代的一些著作而言，書名往往是種抽像的名詞，與書本內文所要作的論述內容，往往是相異奇趣。有些書名也是要透過聯想或是影射等閱讀上的方式，才得以參透其與內文之間的關聯性。

層，因此由宋至明就產生出了「七百年儒苑門戶」這種整體性的視野。但是這樣的思考在面對到黃宗羲的既成之作《明儒學案》時，就產生了斷限的問題。基本上，分冊論述並不會影響到通貫「七百年儒苑門戶」的視野，也不會因為分冊就產生出斷限。〔註 39〕學術思想一直是貫通時間線而進行的，對於《宋儒學案》、《元儒學案》與《明儒學案》這樣三部曲的論述，並不會影響到通貫「七百年儒苑門戶」的論述上。因此，「又輯《宋儒學案》、《元儒學案》」這樣以朝代作為分劃的基準，並不影響到內容的寫作與安排。這樣的理解還可以反推回黃宗羲。雖然儒苑門戶的承接是一以貫之的現像，但黃宗羲將各朝代的學術作分開的處理，各自獨立為一個學術範圍內的個體。

雖然全祖望在〈梨洲先生神道碑文〉中的書寫是依照黃宗羲的原始構想而寫下了《宋儒學案》與《元儒學案》這樣分成二部書的寫法，〔註 40〕但是全祖望自身卻並未將這種原始構想的書名寫法，確立成為定調。在全祖望的文章當中，便出現了數種不同的稱呼法。

全祖望在〈蕺山相韓舊塾記〉〔註 41〕、〈游景叔墓志跋〉〔註 42〕、〈寶甈集序〉、〈廣平先生類藁序〉中〔註 43〕，僅單稱《宋儒學案》。在〈書劉文靖公退齋記後〉寫成《元儒學案》。〔註 44〕而在〈仲春仲丁之鸛浦，陪祭黎洲先生〉一文中卻寫成為《宋元儒案》以及《宋元學案》二種。以此約略可看出，雖然全祖望當時在對於《宋元學案》並沒有固定的稱法，但基本上還是依循著黃宗羲對於《明儒學案》所建立起的構想。也可以簡單的推論說《宋元學案》一書的書名，至少在全祖望進行校補時還是處在變動的情況。和現今所流傳的將「宋」、「元」兩代學案合而為一的版本型式完全不同。也由於對當時《宋元學案》有著不同的理解，因此產生了多種不同的稱法。那《宋儒學案》和《元儒學案》二部原本是分別獨立的作品，在何時

〔註 39〕分冊論述的起因有許多，或是因為論述內容規模過大，也或是因為論述者自身的編纂考量。但無論如何，分冊論述對於上下銜接且相互聯貫的內容而言，並不會造成閱讀上的斷限問題。

〔註 40〕相同的情況還發生在〈蕺山相韓舊塾記〉《鮚埼亭集》，卷三十 、〈北窗炙輠題詞〉《鮚埼亭集》，卷三十一、〈寶甈集序〉《鮚埼亭集》，卷三十二、〈游景叔墓志跋〉《鮚埼亭集》，卷三十八、〈廣平先生類藁序〉《鮚埼亭集外編》，卷二十四、〈書劉文靖公退齋記後〉《鮚埼亭集外編》，卷三十三。等多處地方。均將《宋元學案》依照黃宗羲原始的構想來稱呼為《宋儒學案》和《元儒學案》。

〔註 41〕《全祖望集著作彙考》，上冊，《鮚埼亭集》卷三十，頁 580。

〔註 42〕《全祖望集著作彙考》，中冊，《鮚埼亭集》，卷三十八，頁 1067。

〔註 43〕《全祖望集著作彙考》，中冊，《鮚埼亭集外編》，卷二十四，頁 1193。

〔註 44〕《全祖望集著作彙考》，中冊，《鮚埼亭集外編》，卷三十三，頁 1418。

合而爲一的呢？王梓材在〈考略〉「二老閣鄭氏栞本」中案語所寫到：

> 梓材謹案：謝山先生蓋又以《學案》謀刻于鄭氏第所，刻止〈序錄〉與第十七卷〈横渠學案〉上卷，〈序錄〉爲謝山先生定本，百卷之次首尾完密。〔註45〕

「二老閣」的稿本是由全祖望所建構出來的版本，雖然全祖望只刊刻完成了〈序錄〉和第十七卷〈横渠學案上〉兩篇，〔註46〕但其中〈序錄〉這部份讓「二老閣鄭氏栞本」在所有《宋元學案》版本中，成爲一個影響後世相當深的版本。「二老閣鄭氏栞本」中〈序錄〉之所以如此的重要，在於他是目前所有稿本中，最早出現百卷卷目的版本；也就是在各種原始稿本中最爲接近現行刊刻本規模的版本。換句話說，將《宋儒學案》和《元儒學案》二部原本分開寫作的作品，作相互結合之動作，成爲現在《宋元學案》版本的規模，很有可能是全祖望在「二老閣鄭氏栞本」中所確立下來的。

馮雲濠在〈考略〉當中「謝山全氏修補本」條，也對於《宋元學案》書名作出了解釋：

> 雲濠謹案：謝山先生爲〈梨洲神道碑文〉述，所著《明儒學案》六十二卷，而《宋儒學案》、《元儒學案》不言卷數，未知其畫爲二書否也？觀謝山所定〈序錄〉，自宋及元合爲百卷，宜合稱《宋元學案》，其專稱《宋儒學案》者，舉宋以概元也。〔註47〕

以此可看出，全祖望在寫〈梨洲先生神道碑文〉時，並未寫明《宋・元學案》之卷數，並且分稱爲二部書，有可能就是在當時的《宋儒學案》與《元儒學案》尚未被合而爲一，同時總卷數亦未達其後之目標。但在二老閣所刊〈序錄〉的時後，就已經是「自宋及元合爲百卷」，顯然在全祖望的〈序錄〉當中，已經將《宋儒學案》與《元儒學案》作一合併的動作。因此又可以另外的推論，全祖望寫〈梨洲先生神道碑文〉的時間，是在其替「二老閣鄭氏」校刊以產生「二老閣鄭氏栞本」之前所發生的事。所以才會對於《宋元學案》有不一樣的稱法，並且書有合而爲一與分而爲二的不同樣式。但是僅管在〈序錄〉當中已經出現了將宋元合一的百卷本規模，但整部書之書名卻並未因此而被定名下來。所以馮雲濠才會對於〈序錄〉所可能會產生的書名使用了「宜合稱」的字樣，如此代表著未確定性的字眼，另外也表現出了馮雲濠和王梓材二人在校稿刊刻之前《宋元學案》未被定名的情況，同時也表示了

〔註45〕《增補宋元學案》，〈考略〉，「二老閣鄭氏栞本」，頁3。
〔註46〕亦或是全祖望在其校補的工作或是歲月當中只來得及刊刻這二篇。
〔註47〕《增補宋元學案》，〈考略〉，「謝山全氏修補本」，頁2。

《宋元學案》這部書的書名在王馮二氏完刊之前，充滿了許多可再商議的空間。

吳光先生在〈宋元學案補考〉中「梨洲文獻館藏本」部份，也提及了書名尚未統一的情況：

> 書名尚未劃一。第一本首頁題「黃梨洲先生《宋元儒學案》元稿」，第十三本「隱君倪道川先生士毅」前題名「《元儒學案》」，第二十本首頁題「《元儒學案》」，其餘各本案前均題名「《宋儒學案》」。〔註48〕

在此本之後所出現的「黃璋校補謄清本」中，也出現了類似的情況。在第一本的部份，〈發凡〉與〈序錄〉同樣標示著《宋元儒學案》，但在〈總目〉、第二本以至第二十本前均標爲《宋儒學案》，可見在此書當中，書名也並未出現統一之現像。

「馮雲濠王梓材手鈔校稿本」是目前所知最接近馮雲濠與王梓材道光十八年刊本之前的版本，其對於書名也出現了不同的寫法。在第一冊中的〈宋元學案考略〉、〈校刊宋元學案條例〉、〈宋元學案總目〉、〈宋元學案跋尾〉、〈宋元學案序錄〉等部份，均可看出都是稱作爲《宋元學案》。而在第一冊到第四十一冊中百卷則是題爲《宋儒學案》。在第四十二冊到第四十五冊則爲《宋儒學案備覽》。〔註49〕可見在刊刻本出現以前，對於書名爲《宋元學案》亦或是《宋儒學案》都還沒有出現統一的篇名。黃璋等人在校補《宋元學案》時，對於書名也未作統一的規範，但也並非都雜亂如是。在書的第一本首頁題作《宋元儒學案》，就已經有將二部學案合而爲一的企圖心在。而其後的學案分別標示爲「宋儒學案」或「元儒學案」，這似乎是標示著各卷原本應當所屬的學案位置。

第三節　《宋元學案》成書後之刊本

就前文所論，《宋元學案》第一次刊刻的刊刻本是在道光十八年，由王梓材與馮雲濠所校刊而何凌漢出資並且作序所刊刻而成。只是這次的刊刻本毀於道光十八年的兵火當中，因此在道光二十五年進行第二次的刊刻，此時何凌漢已然過世，出資者就由其子何紹基所繼承。然而在此刊本問世之後，《宋元學案》並未終止其被再次刊刻的命運。在光緒五年間，長沙龍汝霖便再次對於《宋元學案》進行刊刻，成爲現今所見之四部備要本百卷本版本。在其後，《宋元學案》一書被重刊數次，成爲諸多不同之版本。現今所見對於刊本進行整理之論著以吳光先生〈宋元學案補考〉及

〔註48〕吳光先生，《黃宗義著作彙考》，〈宋元學案補考〉，頁41。
〔註49〕同上引書，頁44。

張克偉先生〈黃宗羲著述存逸考〉爲主，〔註 50〕然此二文之考據資料中有許多歧異之處，現將此二份所載之刊本及筆者所見，綜合略述如下：

《宋元學案》刊本一覽：

一、梨洲黃氏原本

二、謝山全氏修補本

三、二老閣鄭氏刊本

四、月船盧氏所藏底稿本

五、樗庵蔣氏所藏底稿殘本

六、餘姚黃氏校補本

以上六種版本爲《宋元學案》〈考略〉當中所載版本。

七、清道光六年，伍氏刻本

此本爲張克偉先生在其〈黃宗羲著作存逸考〉中所載，但對於此本目前並無資料可見。馮、王二人之〈考略〉與近世諸家之版本論述中均未言及此本，因此不知其實際之存在情況。因此此本在考證上有其相當之困難。

八、黃璋手校鈔補稿本

據吳光先生所考，此本現藏於「梨洲文獻館」，無卷次，分裝二十冊。

九、黃璋校補謄清本

此版本現藏於「中央研究院傅思年圖書館善本書室」，書前有《宋元儒學案》字樣，七十八卷本，分裝二十冊。題爲道光十四年本。

十、馮雲濠王梓材手校鈔稿本

據吳光先生所考，此本現藏於「浙江圖書館善本室」，分裝四十五冊。

十一、道光十八年，慈溪馮氏醉經閣初刻本

據吳光先生所考，此本現分藏於三處：

(1)「北京圖書館善本室」，百卷本。

(2)「北京圖書館」，十四卷殘本。

(3)「浙江圖書館善本書室」，八十三卷殘本。

十二、清光緒五年，長沙王梓材刊本

此本現藏於「國家圖書館善本書室」。

〔註 50〕張克偉〈黃宗羲著述存逸考〉共分爲（上）、（中）、（下）三部份，分別刊於《國立編譯館館刊》第十七卷，第一期，民國 77 年 6 月，頁 77～109。《國立編譯館館刊》，第十七卷第二期，民國 77 年 12 月，頁 81～111。《國立編譯館館刊》，第十八卷第一期，民國 78 年 6 月，頁 251～270。其中《宋元學案》部份刊於（上）。

十三、清光緒五年，長沙龍汝霖寄盧重刊本

此本目前所知共分藏於十三處：

（1）「台灣大學圖書館」，百卷本，四十八冊。

（2）「台灣大學圖書館」，百卷本，六十冊。

（3）「國家圖書館善本書室」，百卷本，三十冊。

（4）「江蘇省立國學圖書館」，百卷本，四十冊。

（5）「台灣師範大學」，百卷本。

（6）「國家圖書館，台灣分館」，百卷本。

（7）「東海大學」。

（8）「梁氏飲冰室」，百卷本，四十冊。

（9）「香港中山圖書館」，百卷本，（缺）卷十一至十三、十七至十八。

（10）「香港大會堂圖書館」。

（11）「韓國成均館大學校中央圖書館」。

（12）「日本京都大學人文科學研究所」。

（13）「日本東京大學東洋文化研究所」。

十四、光緒二十六年，道州何紹基重刻本

此本目前所知共藏於三處：

（1）「北京中國科學院圖書館善本書室」，百卷本。

（2）「浙江圖書館」，存九十五卷、卷首一卷殘本。

（3）「香港中山圖書館」，百卷本。

此本已在本章第一節中略有論述。此處將提出一點疑問，在龍汝霖所作之跋尾中提到，其在刊刻時是由李仲雲取其何氏藏本以進行刊刻，然對於何紹基在其最後道光二十五年之後所刊行出的版本，並無法考其流傳。因此李仲雲由何處所得，及所得爲何種版本以供龍汝霖刊刻，都值得進一步深究。

十五、民國八年，上海：商務印書館鉛印《萬有文庫》標點本

十六、民國二十五年，上海：中華書局排印《四部備要》本及其縮印本

十七、民國二十五年，上海：世界書局鉛印《四朝學案》標點本

十八、民國二十八年，長沙：商務印書館鉛印《萬有文庫》

十九、上海文瑞樓石印本

此本目前所知藏於二處：

（1）「台灣大學圖書館」，共 32 冊。

（2）「香港大會堂圖書館參考室」。

二十、民國五十年，台北：世界書局《增補宋元學案》《四部備要》本。
二一、民國六十年，台北：廣文書局影印本
二二、民國六十四年，台北：河洛圖書出版社景印初版
二三、民國七十二年，《增補宋元學案》
　　百卷本，共分六冊。此本爲台北：台灣中華書局據《四部備要》本所印行。分裝六冊。內有「據清道光道州何氏刻本校刊」字樣。
二四、1987年，北京中華書局據長沙龍氏本標點鉛印精裝本
　　陳金生、梁運華點校本
二五、此本由陳金生與梁運華所標點，由台北：華世出版社於民國七十六年所出版，分裝四冊。此刊本之體例已雜柔諸家，因此未可得知其所依據點校之底本爲何。
二六、浙江古籍出版社據《四部備要》縮印本標點鉛印
　　此本爲浙江古籍出版社於1988年所出版，收於《黃宗羲全集》第三至六冊。
二七、陳叔諒、李心莊，《重編宋元學案》
　　此本爲台北：正中書局，民國五十二年五月出版。分裝四冊，當中針對原本百卷之卷目作有整併的動作。
二八、上海古籍出版社
　　此本由上海古籍出版社於1995年所出版，爲影印之縮小本。其封面提有「道光廿五六季道州何氏刊本」字樣。當中〈卷首〉部份題於編纂者署名之後，另題有「宋元儒學案序錄」字樣。
二九、《宋元學案選注》
　　此本爲繆天授所選，現今之通行本由台灣商務印書館於民國七十七年八月所出版。謬天授就宋元學案百卷本中，選其中的三十七個學案。

第四章　《宋元學案》編纂體例之研究
——黃璋校補謄清本與王梓材馮雲濠百卷刊本之比較

由前文之論述可知，《宋元學案》經歷了相當漫長之編纂時間。在此漫長的編纂歲月與眾多的編纂者當中，如何形成現今《宋元學案》刊本的體例，可說是在版本流傳之外另一個相當重要的研究課題。然而《宋元學案》之編纂體例相當複雜，歷來研究《宋元學案》之學者，專注於體例問題之探討者，實不多見。大部份與《宋元學案》相關之論題，都是集中在學術傳承以及思想內容等諸面相上，少有研究《宋元學案》實質的體例問題，因此這方面之論述相較之則顯的頗為欠缺。

就《宋元學案》本身而言，雖然早先「梨洲黃氏原本」之面貌已不可見，後繼之版本皆零散不齊，但依然可看出部份編纂企圖之端倪。現存所知較早且較為完整之版本為前文所論及之：梨洲文獻館所藏「黃璋校補稿本」藏本與傅斯年圖書館所藏暫命之為「黃璋校補謄清本」之《宋元儒學案》。其中「黃璋校補謄清本」更是與現今所見之百卷刊行本最為接近之版本，因此將此一版本與今日所通行之「百卷本」版本之間作一相互比較，如此就較易體現出《宋元學案》之編纂過程，以及依編纂體例所引發之相關問題。

第一節　編纂者之署名與版本編纂關係

王梓材在《宋元學案・校例》中第三條，有所謂「標之曰」，其所指也就是「署名」之意。古人著書，通常都會在各卷卷名之下，署入編纂者之姓名，以示負責之意，此一行為成為後世作者會題名於書中章節之下的規範，這樣的規範在《宋元學案》中當然也不例外。《宋元學案》中編纂者之題名，除了說明編纂者之身份以外，另外還提供了關於編纂版本、編纂者先後工作之順序等許多相關訊息。儘管當中署名可能並非由本人所題，但依然可以就其中看出版本編纂上之關係。

吳光先生對於「黃璋校補稿本」中之署名，作有相關的描述，約略可以分爲下列數項重點作討論：

一、封面總題爲：「黃梨洲宋元學案、元孫稚圭校補稿、清雍正十三年鈔本」。

二、各本案名之下，大多署爲：「遺獻黃梨洲先生原稿，男百家纂輯，後學全祖望續修，元孫黃璋校補」。

三、第七本：「全祖望續修，平鸝校」。

四、第十九本〈鳴道學案〉則署爲：「全祖望續修，鄭義門校訂」。〔註1〕

依吳光先生對於「黃璋校補稿本」所作之記載來看，此本全祖望有相當多之參與。藉由上一章的論述中可知，此稿本係由盧鎬所藏，繼而寄示給黃璋之本，因此就上文之引述可以說明，此稿本確實經黃璋再此校補。然此本僅一處列有黃徵乂之署名，與「黃璋校補謄清本」中大不相同。在「黃璋校補謄清本」中除第一卷外，其餘各卷之下，皆作如下之署名方式：

遺獻黃梨洲先生藁	男百家纂輯元孫璋六氏孫徵乂校補 後學全祖望續修

如此的署名方式，相較於「黃璋校補稿本」而言，黃徵乂之名更爲頻繁的出現在各卷之中。黃璋與黃徵乂共同列名之現像，以此似乎可以解讀成，此二份版本之先後次序，在「黃璋校補稿本」時，黃徵乂所參與之程度尚淺，因此署名之卷數不多。而到後期則參與甚深，署名之卷數增加，形成較爲晚後之「黃璋校補謄清本」。顯然「全祖望稿本」經盧鎬轉至黃璋之手後，尚經過了一段相當時間的校補，並且在此校補的過程當中，建構出了不同的版本。然而在「黃璋校補謄清本」中第一卷之署名，則有相當不同於其餘各卷之處：

遺獻黃梨洲先生藁	男百家纂輯元孫璋六氏孫徵乂校補 後學全祖望續修慈谿後學馮雲濠錄

此一在第一卷處之署名方式，相較此二種題名之差別，在於後者的屬名中有馮雲濠之名。此一差別之影響意義甚大，在本文第三章第一節已以有論及，此署名影響到關於王梓材與馮雲濠是否曾見過「黃璋校補本」中，所分屬的任一版本的關鍵。

由上所引二種版本署名中可以發現，全祖望在其中均列爲續修，就工作內容而

〔註1〕吳光先生，《黃宗義著作彙考》，〈宋元學案補考〉，頁41～43。

言是僅次於黃宗羲與黃百家。顯見不論當世與後世，對於全祖望進行修補校刊工作之貢獻，均抱持其相當認可之態度。

在現今所見各刊本中，各本署名方式均不甚相同。以中華書局之《四部備要》本中，各卷之題名及依照全祖望之編纂方式作爲劃分標準，以此區分爲四種類型：

附表 5：《宋元學案》各卷署名方式一覽表

一			二			三			四		
餘姚黃宗羲原本	男百家纂輯	鄞縣全祖望修定	鄞縣全祖望補本			餘姚黃宗羲原本	男百家纂輯	鄞縣全祖望次定	餘姚黃宗羲原本	男百家纂輯	鄞縣全祖望補定
後學			後學			後學			後學		
慈谿馮雲濠校刊	鄞縣王梓材重校	道州何紹基重刊	慈谿馮雲濠校刊	鄞縣王梓材重校	道州何紹基重刊	慈谿馮雲濠校刊	鄞縣王梓材重校	道州何紹基重刊	慈谿馮雲濠校刊	鄞縣王梓材重校	道州何紹基重刊

由上表當中，可以看出《宋元學案》中署名的方式，是按照編纂者以及編纂版本的年代作爲排列依據，這些人的關係分別是由右至左，由上而下的順序排列。雖然表面如其排版所見之簡明，但內容卻依此基調而反映出許多不同之意涵，由此所引發出之署名問題，可以被分成數個不同層面來作解讀。若以人名作爲論述區劃，可分爲下列數端進行：

第一、「黃宗羲原本」，在現今所見的版本當中，原始黃宗羲原本的面貌已不可見，經過多年的編纂過程，勢必已經不是黃宗羲原本的面目。依前面版本的論述可以知道，雖然「黃宗羲原本」也就是「梨洲黃氏原本」經過了楊文乾之手，雖然後又爲黃千秋所得，但其與面貌與原始版本的面貌必然有所差別。

第二、將黃百家的題名之下寫作「纂輯」，這樣的處理與早先「黃璋校補謄清本」藏本的處理方式是一樣的，代表這先後的版本對於黃百家的編纂地位的一致認同。同時，對於「纂輯」所理解的意義，也代表了其並非是編纂的創始者，雖然參與到編纂的工作，但卻也並未完成工作。

第三、全祖望：在本文的第二章有提到過，在《宋元學案．考略》中的第三條提出了黃宗羲和全祖望二人在編纂版本上相互關係的四種類型，而這四種類型區劃了《宋元學案》的百卷成爲四種類型。

1. 梨洲原本所有，而爲謝山增損者，則標之曰：黃某原本，全某修定。

2. 梨洲原本所無，而爲謝山特立者，則標之曰：全某補本。

3. 梨洲原本，謝山唯分其卷第者，則標之曰：黃某原本，全某次定。

4. 梨洲原本，謝山分其卷第而特爲立案者，則標之曰：黃某原本，全某補定。

而全祖望和黃宗羲之間所表現出的這四種關係就如（附表 7.）所作之整理般，各卷之編纂都有其特別意義，而此意義就被充分的反映在署名之上。王梓材在這顯現出了一個課題，也就是他在文中所稱「梨洲原本」的面貌到底是如何？這點王梓材並沒有作出考證與交待。如果就他在〈考略〉中所作之描述，約略可以歸納出「梨洲黃氏原本」雖經過楊文乾之手，但不久旋又歸於黃千秋，繼而傳給了黃璋，形成「黃璋校補本」中的一個來源。〔註 2〕雖然這中間已經過了相當長的時間，其中亦有許多編纂者對其進行過校補，「梨洲黃氏原本」的面貌勢必已經無法得見。那王梓材所稱的「黃氏原本」其所依據的是那種版本？關於這點，王梓材與馮雲濠並未作出說明。也許他們在編纂時，另外有所依據的版本。而此版本也就是形成「中央研究院歷史語言研究所傅思年圖書館」所藏「黃璋校補謄清本」，及「梨洲文獻館」所藏「黃璋校補本」藏本時所依據的版本來源之一。

第四、馮雲濠：在馮雲濠署名之下寫到「校刊」。就書籍之出版而言，「刊」字代表了出資刊刻，也就是將稿本付印成爲刊本。由前文論述可知，《宋元學案》第一次的刊刻資金係由馮雲濠所提供。在署名之下使用「校刊」一詞，除代表馮雲濠提供資金刊刻以外，更說明其實際上亦有參與校補編纂的工作。《宋元學案》有二次的刊刻，而在第二次刊刻時，並未有資料顯示馮雲濠有參與其中，理當對於其「校刊」作修正。但現今所見第二次刊刻以後之版本，並未更動馮雲濠之署名，此似乎可以反映出，第二次刊刻的版本是建立在第一次馮雲濠所刊刻的基礎之上所進行，同時也是對於馮雲濠刊刻貢獻的一種肯定。

第五、王梓材：雖然王梓材與馮雲濠共同參與《宋元學案》校補的工作，但王梓材與馮雲濠的署名卻並不相同，用的是「重校」。在當中有一「重」字，可見其所署名的版本是王梓材在道光二十五年（1845 年）第二次校刊後所刊刻的版本。也因

〔註 2〕相關考證見本文第三章第一節。

此王梓材並未使用初次的字眼，加之的是「重校」這樣再一次的校刊，使他成爲不同於先前的版本。除代表《宋元學案》在道光十八（1838年）年第一次刊刻之後，《宋元學案》還是有持續在進行校補工作的證明外，另外也說明王梓材與馮雲濠二人在編纂《宋元學案補遺》之時，王梓材並未停止對於《宋元學案》進行再纂修的工作。

第六、何紹基：何紹基之署名爲「重刊」，其與王梓材署爲「重校」的意義是相同的，都是有再度進行編纂工作之意。如此可以反映出《宋元學案》在道光十八年與二十五年二次的刊刻，前後參與刊刻的人並不相同。第一次的刊刻是由馮雲濠出資和進行，而第二次則是由何紹基進行。何紹基參與《宋元學案》的刊刻，最早應該是在道光十八年，由王梓材自「浙版」處另行鈔錄一份，攜至京師成爲「京版」，並呈送給何凌漢時，才開始接觸到《宋元學案》。因此，第二次刊刻也可以視作何紹基代替其父完成刊刻的心願。但也由於《宋元學案》並非是第一次的刊刻，因此在署名之下才會寫成「重刊」，以有別於馮雲濠之校刊，表示其係前後不同之刊刻版本。

而同樣爲光緒五年所刊之「長沙龍汝霖重刊本」與「長沙王梓材重刊本」之署名方式則不盡相同。

附表6：光緒五年長沙龍汝霖寄廬重刊本與長沙王梓材重刊本署名對照表。

長沙龍汝霖寄廬重刊本			長沙王梓材重刊本		
鄞縣全祖望修定　道州何紹基重刊	男百家纂輯　鄞縣王梓材重校	餘姚黃宗羲原本　後學　慈谿馮雲濠校刊	鄞縣全祖望修定　道州何紹基	男百家纂輯　鄞縣王梓材校刊	餘姚黃宗羲原本　慈谿馮雲濠

上文所示，爲光緒五年（1879 年）長沙王梓材刊本中的署名。雖然與龍汝霖所刊之爲同一年刊行之刊本，但其署名方式則有所差異。在光緒五年所重刊之刊本時，王梓材已經過世，但版本仍以其名爲題，除了是認同其貢獻之外，也有可能是刻意冒其名所作。並且其署名之模式，也較同一年所刊行之龍汝霖刊本來得簡略。若就〈校刊宋元學案條例〉篇名之字面來看，其當然所指爲「校刊」時所擬訂之條例，因此在寫作人員上已經可以將黃宗羲、黃百家和全祖望等三人排除。並且在〈校刊宋元學案條例〉當中的第二條寫道：

> 是書既經謝山歷年修補，自當從謝山百卷之目，梨州後人亦列謝山于續修而別爲八十六卷之目，于〈序錄〉未能印合，故是刻以百卷爲準，取盧氏藏稿，細心校理，具見百卷條目井然不紊。〔註 3〕

此條雖然點出《宋元學案》在八十六卷本與百卷本之間作選擇的理由，但卻又另外點出了，寫作這〈校刊宋元學案條例〉的時間，是在盧鎬將其所藏全祖望的百卷本稿本現於世之後，全祖望百卷本的稿本才出現在世上，因此也才有機會將「百卷」之名寫入條例之中。因此寫作〈校刊宋元學案條例〉的人選，大約就餘下了馮雲濠、王梓材與何紹基等三人。

「題名」代表出編纂者在編纂過程當中所進行的工作內容，同時也反映出刊刻版本的次第。在諸多不同的《宋元學案》稿本與刊本當中，各家對於題名的表現方式也不盡相同，所解讀出來的意義也不盡相同。由以上所論，我們可以得知在《宋元學案》中，署名之方式是以輩份、籍貫、姓名和工作性質等四項要素所組成。在這四項要素當中，尤以工作性質一項，最能表現出《宋元學案》之編纂及版本特色。在本文第二章當中已經對於編纂者的關係作了一個考述，而在第三章中亦試圖處理編纂版本流傳的問題。而此二種考據方向，都可在此署名之上得到印證。

第二節 「學案表」的型式

在書籍的編纂當中，以「表」爲名之著作與編纂體例，可說相當之常見，其運用的範圍和資料整理上的便利性也不是其他體例所可以望之項背的。然而在《宋元學案》中的「學案表」，卻並不是原先就形成的體例，而可以說成是對於「學案體」體裁的一項變革。黃宗羲在寫作《明儒學案》時，並未出現將「表」融入於其中的構想，在其著作的隻字行間也未曾提到過《明儒學案》何以沒有「學案表」這種體

〔註 3〕《增補宋元學案》，冊一，〈校刊宋元學案條例〉，頁 1。

例。所以，在《宋元學案》中開創的「學案表」，不但對於黃宗羲的著作來說是首見，就是在所有學案體著作之中也是首創。在〈校刊宋元學案條例〉中的第六條，即針對「學案表」的體例作出了解釋：

> 宋、元儒異於明儒，明儒諸家派別尚少，宋、元儒則自安定泰山諸先生以及濂洛關閩相繼而起者，子目不知凡幾，故《明儒學案》可以無表，《宋元學案》不可無表，以揭其流派，梨洲謝山原表僅存數頁，餘竊爲之仿補以便觀覽。〔註4〕

由文中「梨洲謝山原表」一句，概略可以看出在《宋元學案》當中的「學案表」，應該是由黃宗羲和全祖望兩人所先後構想與承襲的一種體例。以〈校例〉中的觀點來說，《宋元學案》不同於《明儒學案》之所以會有「表」的產生，最主要的差別就在於派別的多寡與複雜的程度。既然「明儒諸家派別尚少」，所以《明儒學案》中，並不需要「表」這種體例，來整理學術上的派別問題；但對於《宋元學案》則說「子目不知凡幾」，由於其複雜的程度，光以文字無法作清楚的說明，因此就需要有「學案表」來加以輔助，整理學派上的傳承問題。就學派派別之間所包含人物的複雜程度來說，《宋元學案》比《明儒學案》更需要這種體例的出現。然而檢視現今各刊刻本中，「學案表」之型式繁簡不一，吳光先生在《宋元學案》（《黃宗羲全集》）中的點校三說明出了這種情況。

> 本書各卷卷前學案表，諸本式樣不一，今從底本格式。〔註5〕

吳光先生所言，其本意雖然是專指「學案表」之樣式頗多，因此需有一作爲編纂依據之版本。也因爲《宋元學案》成書前後之各式版本爲數頗多，因此又可以引申爲，《宋元學案》之編纂體例型式，如同其版本一樣，有數種不同的類型。本文即以《宋元學案》卷一《安定學案》爲例，就其中所收集到之數種「學案表」之版本，作一簡單的解析，並分別附書影於後作一對照。

〔註4〕同上引書，頁2。
〔註5〕吳光先生所用之底本爲《四部備要》縮印本。

書影一：「黃璋校補謄清本」〈安定三先生學案表〉

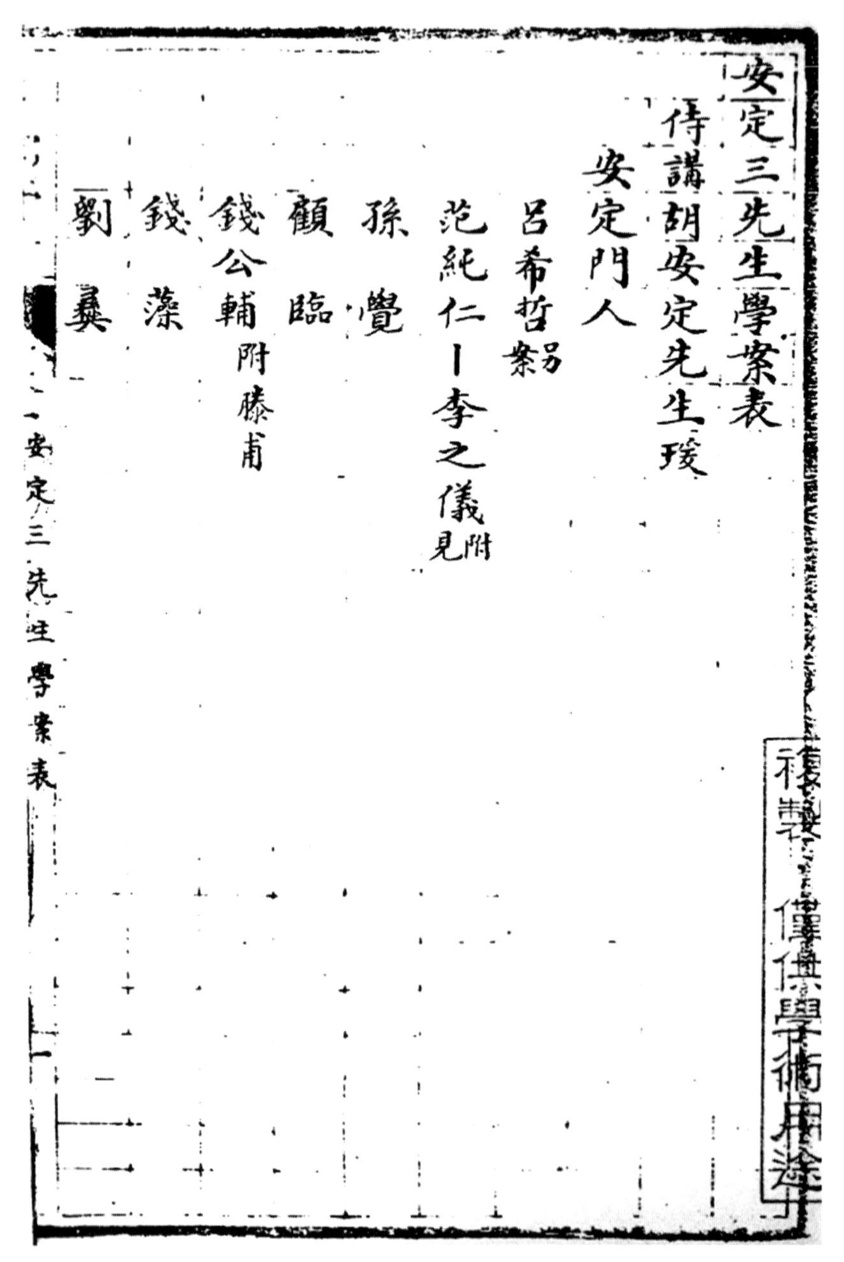

安定三先生學案表

侍講胡安定先生瑗

安定門人

呂希哲 另案

范純仁—李之儀 附見

孫覺

顧臨

錢公輔 附滕甫

錢藻

劉彝

安定三先生學案表

中央研究院歷史語言研究所藏

書影二：光緒五年長沙王梓材刊本與長沙龍汝霖寄廬重刊本

安定學案表

胡瑗
高平講友

程頤 別爲伊川學案
范純祐
范純仁 並見高平學案
徐積 江端禮
馬存
呂希哲 別爲滎陽學案
呂希純 別見范呂諸儒學案
錢公輔
孫覺 邢居實
附弟覽 李昭玘

書影三：中華書局四部備要本

安定學案表

胡瑗
高平講友

程頤 別爲伊川學案
范純祐
范純仁 並見高平學案
徐積
江端禮
馬存
呂希哲 別爲滎陽學案
呂希純 別見范呂諸儒學案
錢公輔
孫覺 附弟覽
邢居實
李昭玘
傅楫 別見古靈四先生學案
滕元發
顧臨

宋元學案 卷一 表 一 中華書局聚

書影四：浙江古籍出版社

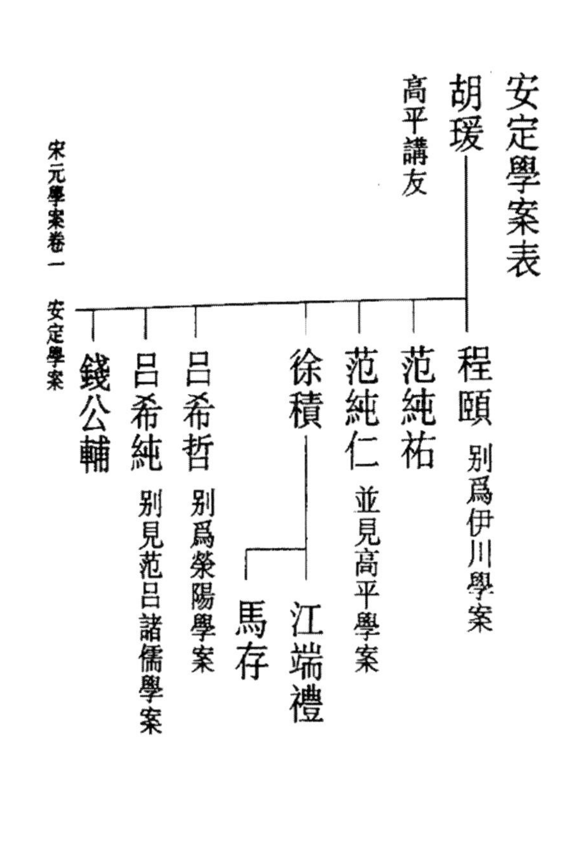

宋元學案卷一 安定學案

黃宗羲原本 黃百家纂輯 全祖望修定

安定學案表

胡瑗 高平講友

程頤 別爲伊川學案
范純祐
范純仁 並見高平學案
徐積
江端禮
馬存
呂希哲 別爲滎陽學案
呂希純 別見范呂諸儒學案
錢公輔

書影五：河洛書局出版

胡瑗
高平講友
程頤別爲伊川學案
范純祐
范純仁並見高平學案
徐積
江端禮
馬存
呂希哲別爲滎陽學案
呂希純別見范呂諸儒學案
錢公輔
孫覺
附弟覽
邢居實
李昭玘
傅楫別見古靈四先生學案
滕元發
顧臨

由上所附之五種書影可以看出，其各別對於「學案表」之處理方式均不盡相同，約略可以區分爲下述幾項特點：

第一、「學案表」內所列人數：「黃璋校補謄清本」中列名於「學案表」之人數相較於其餘各本而言，算是相當之精簡。其實際被收錄於各學案內之人數，必定不止於此。稍爲晚後之光緒五年長沙刊本中，增列了程頤、范純祐，呂希純等未列名於「黃璋校補謄清本」「學案表」中之人，並且在其後之刊行本，均以此本作爲標的。因此對於王梓材與馮雲濠等編纂者而言，「學案表」未必是簡要爲務。將各學案內之人充份的建構，似乎才是其所建構「學案表」之目的。

第二、人物之排序：人物之排序，如同對於卷第之排次一般，可充分表現出編纂者對於其書編纂目的。將光緒五年長沙刊本中與「黃璋校補謄清本」作比較，其所增列之人物，正好插入並且更動了原本呂希哲的排序。對於學案來說，先後次序除了可以理解成影響力之不同外，似乎又可以解釋爲其在傳承上之先後問題。假若以此推論來檢視「學案表」，其列名於胡瑗之下即爲程頤，與「黃璋校補謄清本」中略去胡瑗而列呂希哲有所不同，可以推論就王梓材與馮雲濠二人之觀點而言，程頤在傳承胡瑗之學以及其後對於後世之影響力均較呂希哲來之深遠。因此在「學案表」當中，特將程頤插入於其中，並且使其列名於第一位。

第三、在「黃璋校補謄清本」中之「學案表」對於學案內所載之人物，是採用較爲平行之寫法，雖偶有部份與案主相關連之人物列名於其下，但就整體而言，其並非以層狀爲主的結構。在其後光緒五年之二種刊本中，「學案表」之結構很明顯的已經趨向於複雜化，層狀結構較之「黃璋校補謄清本」要更爲顯著，同時其列名於上的人物數量也明顯的增加。

就上述三點而論，「學案表」分層之用意，就在於試圖合理地納入更多之人以進入「學案表」之中，而其最終目的則可以視爲是將各人依其與案主間之關係做一立體化的建構。如此立體化的結構，才更能方便解決複雜的學派關係。但此一立體化的過程，並非全然是向下建立，在「學案表」中可以發現另有一橫向的軸線以貫穿全表，此一軸線除代表一建構「學案表」之基準線外，更可以理解成以各學案案主作爲起點之時間軸線，在此一軸線上，各人依其與案主之親疏作先後之排列。例如在卷一〈安定學案〉中，建構在此一軸線上之關係。就〈學案〉內由案主作爲起始，依序之編排順序爲：安定學侶、安定同調、安定門人、節孝同調、〔註6〕安定私淑、節孝門人、莘老門人、八行家學、劉氏家學、劉氏門人、開府家學、倪氏門人、田

〔註6〕「節孝」所指爲節孝徐仲車先生積。

氏門人、季節門人、鄒氏家學、杜氏家學、莫氏家學、安定續傳等十八種與案主間之關係。而由此可以明顯看出，此一關係是依身份，由親而疏的排列。但在「學案表」中，雖然依照此身份親疏之基本原則不變，但直接之身份則更影響到其排列位置。舉例來說：江端禮原本爲「節孝門人」，在卷文內之關係是排於第六位。但在「學案表」中，由於其爲徐積之門人，因此就直接躍升至徐積之下，使其列名於相當前面。以此可看出，徐積在安定學案中之關係外，更可以看出在時間線上，徐積所應該有的位置。如此雙重身份的建構，就使得「學案表」表現出立體化的特色出來。

相較之下，「黃璋校補謄清本」之「學案表」就顯得頗爲簡略，其立體化之程度尚且不高，主因就是在學案內中所載之人並未全數入於「學案表」之中，使得「學案表」變得頗爲簡略。而光緒五年之版本又與現今之〈四部備要〉本之「學案表」幾乎相同。在中華書局所據刊之〈四部備要〉本版本中，其基本格式是依據光緒五年之刊本而來，僅在其版面上作縮減之動作。可見此一「學案表」之主體結構，在王梓材與馮雲濠之刊本問世之後，便已大致底定，其後之變動不大。

但也偶有例外：如在河洛出版社所出版《宋元學案》中之「學案表」即可見到較合於現今對「表」所認知的樣式。如書影五所見，此「學案表」已將各欄位都予以表格化。如此各學案所附之案主們，各安其位，未免有如〈四部備要〉本之「學案表」般有交錯排列的情況發生，也較爲方便讀者之閱讀。

第三節　〈總目〉、〈卷首〉及其相關議題

除了上二節所談到的關於《宋元學案》編纂時的旨趣以外，在整部書的篇章編排上，也可以反映出編纂者所想要表達出的意圖，這其中又以〈總目〉以及〈考略〉二部份表現的最爲顯著。在論述這二部份所體現的意義前，先簡單就《宋元學案》中除〈總目〉及〈考略〉二部份以外之其餘各部份，作一個簡單的介紹。

在現今所見之刊行本當中，最主要是由下列：〈序〉、〈考略〉、〈校例〉、〈總目〉、〈卷首〉、〈本文〉和〈跋尾〉等七大部份所組成。

〈序〉：在現今所見刊行本當中的〈序〉，是由何凌漢以及何紹基父子二人，分別在道光十八年（1838 年）以及二十六年（1846 年）所先後完成。在「黃璋校補謄清本」的藏本當中，因爲其版本年代在道光十四（1834 年）年間，當時何凌漢尚未視學於浙江，因此此一版本中並無何凌漢父子二人所作的〈序〉。

〈考略〉：此爲王梓材與馮雲濠兩人所特創，也僅見於道光十八年之後之刊本。也因爲是王梓材在後期所作，因此在「黃璋校補稿本」與「黃璋校補謄清本」當中

並未出現此一以版本考據爲主要的篇章。

〈校例〉：在「黃璋校補謄清本」中，此部份被稱之爲〈發凡〉，爲黃徵乂所作，置於全書之首。在後來的馮、王刊本與「光緒五年長沙龍汝霖寄廬重刊本」中，才改稱之爲〈校例〉，版面位置在〈序〉與〈考略〉之後。

〈總目〉：馮雲濠在識語當中寫到：

> 蓋謝山手稿，字跡致密，其未爲月船所鈔者，猶三百餘頁。月船同門蔣樗庵氏亦有《學案》殘本，多與盧氏複，其不複者，今亦閒入卷中第。黃氏原稿不言卷數，謝山修定〈序錄〉列爲百卷，而蔣氏藏稿帙尾乃有六十卷之目。黃氏大俞及其子平鱗別見校補本，分卷八十有六。案其拔語，蓋嘗見盧氏藏本者，特大俞平鱗所補。原本有盧氏藏之而黃氏遺之者，亦有謝山修補之本，黃氏補本有之而盧氏藏本無之者。互見雜出，端宜歸一。〔註7〕

王梓材在「卷首」之下另外作一案語：

> 梓材謹案：《學案》〈序錄〉刊本，得之慈谿鄭氏二老閣，茲檢盧氏所藏原底，閒有異同詳略，特與馮君雲濠附識於各條之後。〔註8〕

以此可以看出，全祖望在「二老閣鄭氏栞本」當中，所確立出的百卷本卷次，是王梓材與馮雲濠兩人進行校補時的依據。不論是黃千秋的「黃氏校補本」、盧鎬所傳的「全祖望校補本」與其所留的「盧鎬底稿本」、蔣學鏞所藏「樗庵所藏底稿殘本」和「黃璋的校補本」等等，都是不足百卷的版本。並且這些版本的卷目及內容，都互相有所分歧和缺漏。王梓材在校補時，自然得要有所依據的範本，否則校補的工作就難以實行。依照「二老閣鄭氏栞本」當中所訂下來的百卷本的卷目，作爲總合上述諸版本的依據，這樣的作法相當的合於情理。但其在文中所稱的「盧氏所藏原底」，所指的是那一種版本，則並未交待清楚。就前文探討版本流傳之結論來看，「盧鎬所藏底稿本」總共有二個傳播方向。其一是在全祖望過世之後，由盧鎬所寄給黃璋之全氏稿本；此一稿本又引發出現今梨洲文獻館所藏之「黃璋校補稿本」與傅斯年圖書館所藏之「黃璋校補謄清本」二種版本。其二則是藏於盧鎬家中，後由盧鎬之孫交由王梓材之藏本。二種版本都有彙集於王梓材處之可能，因此較難斷定其所稱之「盧鎬所藏底稿本」是指那份稿本。

在「黃璋校補謄清本」中之〈總目〉，雖然不同於後世馮雲濠與王梓材之刊本一般是百卷本之〈總目〉。但究其內容依然有許多特點並且這些特點因不同的刊本而有

〔註7〕《增補宋元學案》，冊一，〈總目〉，頁13。
〔註8〕河洛圖書出版社，《宋元學案》，〈卷首〉，頁1。

所不同。〔註9〕

在卷目編排上：王梓材與馮雲濠之後的刊行本，大多是依照卷第，採各卷分立的模式。但「黃璋校補謄清本」卻是將部份卷第合爲一處。以中華書局之《四部備要》本爲例其前三卷排列方式如下：

書影六：中華書局《四部備要》本〈總目〉

卷一
安定學案
黃氏原本
全氏修定
卷二
泰山學案
黃氏原本
全氏修定
卷三
高平學案
全氏補本
卷四
廬陵學案

宋元學案　總目　一　中華書局聚

〔註9〕參見文後書影。

其在卷數之下即刻爲卷名，卷名之下則爲全祖望與黃氏之四種版本關係。以此對照到「黃璋校補謄清本」時：

書影七：黃璋校補謄清本〈總目〉

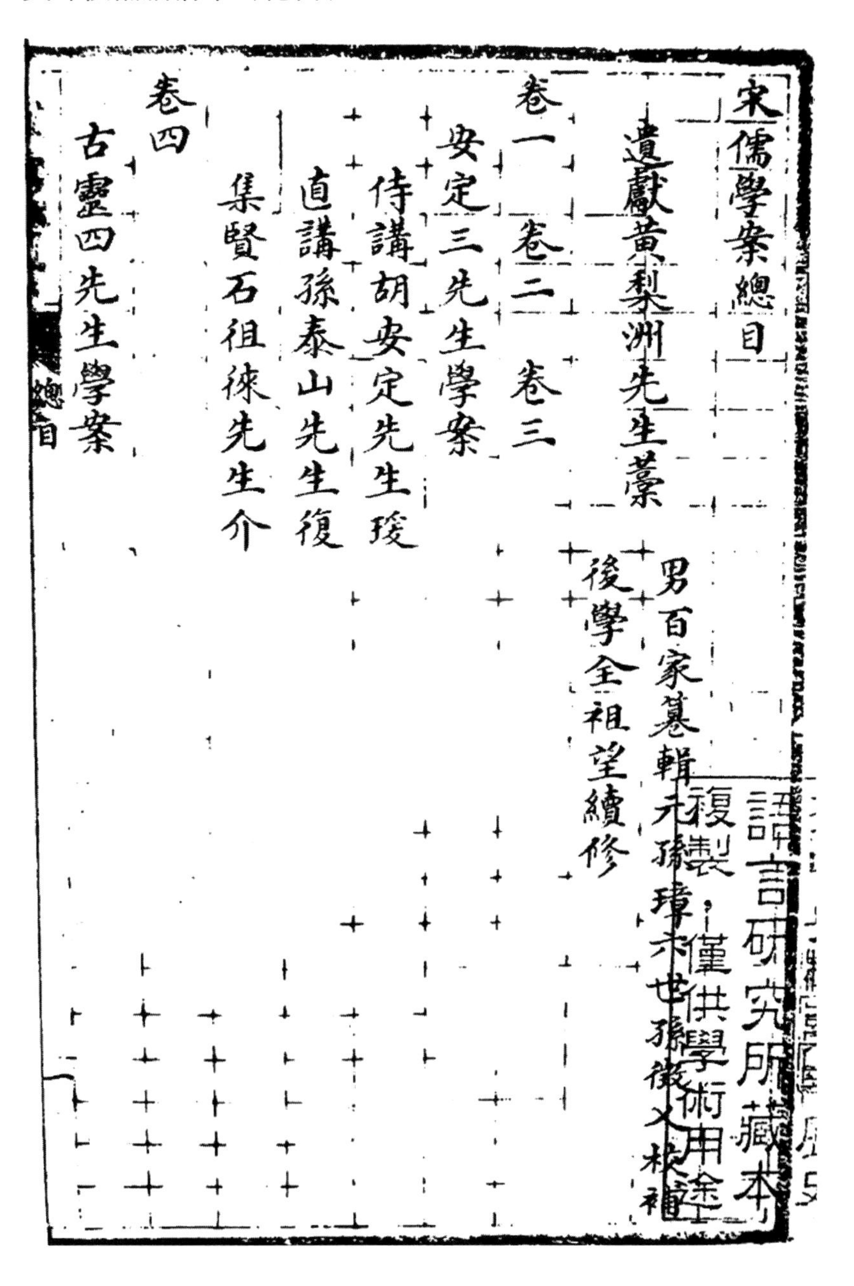
宋儒學案總目
遺獻黃梨洲先生藁　男百家纂輯
後學全祖望續修　元孫璋六世孫徵乂校補
卷一　卷二　卷三
安定三先生學案
侍講胡安定先生瑗
直講孫泰山先生復
集賢石徂徠先生介
卷四
古靈四先生學案

總目

中央研究院歷史語言研究所藏

由《四部備要》本之書影可發現，在卷數之下刻爲卷名，而卷名之下則爲全祖望與黃氏之四種編纂關係。以此對照到「黃璋校補謄清本」時，可看出先後版本間之差異。在「黃璋校補謄清本」中將部份卷第作了整合爲一的處理，而在中華書局的《四部備要》本中，則將其各自獨立，各爲卷第。「黃璋校補謄清本」在各卷學案卷名之下，加入了各學案案主之姓名，其通常是依如下之模式排列：

卷名

　　職銜　姓　字號　先生　名

但在文中，以卷一爲例，就出現以下的排列方式：

卷一　卷二　卷三

　　侍講　胡　安定　先生　瑗

　　直講　孫　泰山　先生　復

　　集賢　石　徂徠　先生　介

這樣的書寫方式與在卷內案主處的書寫方式雷同。但在中華書局的《四部備要》本當中卻不是如此，取而代之的是書寫四種全祖望的編纂方式。

卷一

安定學案

　　黃氏原本

　　全某修定

就如上所列，在卷次之編排上，「黃璋校補謄清本」是將部份可合併論述的學案合在一起編寫，如卷一到卷三便合爲一處成爲〈安定三先生學案〉。而在《四部備要》本當中卻是將各卷分別獨立成爲各自的單元。並且在「黃璋校補謄清本」的〈總目〉之下，題有編纂者的姓名，而在《四部備要》本當中，卻沒有這樣的設計。對於爲何部份學案可以合併書寫，這無疑是編纂者對於宋、元學術派別的一種理解，進而反應在其編纂的思想上。〔註 10〕

〈本文〉：本文的部份，也就是各卷的內容，依照各版本的不同而有五十二卷本、七十八卷本以及百卷本等多種不同的規模。

〔註 10〕關於此一論題，尚有待進一步之探究，本論文將不擬作處理。

〈跋尾〉：爲長沙龍汝霖於光緒五年刊本中所撰。

以上是對於〈卷首〉以外的體例部份，作一簡單的背景介紹。〈卷首〉在「黃璋校補謄清本」當中，稱之爲〈序錄〉，是由全祖望所撰寫。版面位置在〈發凡〉之後。而到了馮、王刊本當中，雖然同樣也是由全祖望所寫，但卻已由七十八卷之〈序錄〉發展成爲百卷之〈卷首〉。〈卷首〉部份可以說是所有《宋元學案》體例中最爲複雜的部份，因此需要另外作獨立的論述。

王梓材在〈校刊宋元學案條例〉中第一條即開宗明義寫到：

> 古人著書必有凡例，是書自梨洲黃氏標舉數案未盡，發凡至謝山全氏修補之，乃有百卷〈序錄〉之作，即是書之凡例也。今欲校理是書，舍〈序錄〉無以得其宗主，故仍二老閣〈序錄〉刊本之舊，冠諸卷首，又分載〈序錄〉于各〈學案〉之端，庶使學者睹其大要，瞭如指掌。〔註11〕

在「黃璋校補謄清本」中，「卷首」部份是分由黃百家、全祖望、黃璋與黃徵乂等所分撰而成。就各人時間來說，必定爲非成於一時之作。文中王梓材稱其取全祖望之「二老閣」〈序錄〉作爲「卷首」，對原本由黃璋等人在各卷卷首所列之案語，甚至於全祖望原本於卷首所列之案語，王梓材均未加以採用，而是將原本就已存在之〈序錄〉，移而往後成爲「卷首」。因此在現行刊本當中所見之〈卷首〉內容，均是由全祖望所撰寫之原本〈序錄〉的部份。依照王梓材在道光二十五年之後的刊本對於〈卷首〉的編排來看，〈卷首〉所指的不單是名爲〈卷首〉的篇章，所指更是後面附於各卷「卷首」的案語。因此在《宋元學案》當中，卷首之內容重複的成爲《卷首》及「卷首」二處，其內容可說是完全的相同。對於這樣內容重複性出現的意義，以及這二種體例產生的先後順序等問題上，王梓材並沒有作出明確的說明。但不論是在「卷首」亦或是〈卷首〉的部份，內容都是相當一致並且作百卷九十一個學案的分卷法。較爲特別的是在產生時間較早的「黃璋校補謄清本」當中，同樣也出現了在現行刊本中所刊「卷首」的內容，但不同的是在「黃璋校補謄清本」中，這部份內容是被稱作爲〈序錄〉，並非〈卷首〉。而在各卷「卷首」的部份所載之內容完全不同於〈序錄〉所載。因此在「黃璋校補謄清本」中〈序錄〉與「卷首」之內容並不相同，並不如現行刊本中「卷首」重複性的出現。

〈序錄〉原本之意義就在於編纂者藉由〈序錄〉之書寫以表達出對於各該學案的理解以及編纂時的旨趣。因此，雖然經過異名，但〈卷首〉的內容依然代表了編纂者對於各學案分卷的看法。然而全祖望在《宋元學案》中卻並未以〈卷首〉作爲

〔註11〕《增補宋元學案》，〈校刊宋元學案條例〉，頁1。

其篇名，而是〈序錄〉，以此可推論〈序錄〉應是較爲原始的名稱。關於〈序錄〉的問題，在現行刊本中，並非完全不可得見〈序錄〉的字樣，只是其位置由原本的篇名移而往後，成爲內文標題。現行刊本所見之處理方式是在〈宋元學案卷首〉此一卷名之後，排入全祖望、馮雲濠、王梓材和何紹基四位編纂者之署名，在其之後才加入了〈宋元儒學案序錄〉的字樣，並且王梓材在其後作有案語：

> 梓材謹案：《學案》〈序錄〉刊本得之慈谿鄭氏二老閣，玆檢盧氏所藏原底，間有異同詳略，特與馮君雲濠附識于各條之後。〔註 12〕

以此可見，馮、王二人所校之〈卷首〉，其最初是被稱爲〈序錄〉，也就該如「黃璋校補謄清本」中以〈序錄〉作爲卷名之法。而原本〈序錄〉字樣雖然並未被馮、王二人所捨去，但何以王梓材與馮雲濠要另外將〈卷首〉之名冠於〈序錄〉之前呢？

在「黃璋校補謄清本」中各卷之「卷首」與〈序錄〉之關係，並非如現行刊本所見〈卷首〉般重複出現，而是分別由黃百家、黃璋、黃徵乂以及全祖望等四人所分別撰寫的案語組成。也就是說在「黃璋校補謄清本」藏本當中，〈序錄〉和「卷首」是二個互不相同的內容。也由上引文可知〈序錄〉部份爲全祖望一人所作，而「卷首」則是分散於不同年代的人所作。他們在「卷首」當中留下了各自所理解的案語，由此可見，在「黃璋校補謄清本」中的「卷首」和〈序錄〉二部份，不是同時間所完成之內容。

在現行刊本中，各卷之「卷首」和「黃璋校補謄清本」中之「卷首」內容並不相同；而是與〈序錄〉相同這點來看，原本「卷首」之內容當如「黃璋校補謄清本」當中各卷「卷首」。而現行刊本之所以不見原本「卷首」之原貌，極有可能是因王梓材與馮雲濠二人在校刊時所作的刪選結果。而在刪選之後，另將原本〈序錄〉之內容拆解於各卷當中形成「卷首」，造成內容上的重複。除了強調原本全祖望所作〈序錄〉之重要性外，更表現出對於全祖望校補成果的重視程度，遠高於黃氏後人所校補之成果。如此便可以說明現今「卷首」之內容並非王梓材與馮雲濠二人所特作。〔註 13〕

而這樣的結論在面對到由同一人所撰寫的〈序錄〉時，就容易產生認知上的不同；也就是在分卷和學案歸屬上認知的不同。「卷首」乃是依卷而立，在各自成卷的

〔註 12〕同上引書，〈宋元學案卷首〉，頁 1。

〔註 13〕吳光先生在其〈宋元學案補考〉一文中，提出「馮雲濠王梓材手校鈔稿本」當中：「王梓材却在所有案首、案主本傳前之百家、黃璋案語眉批處附寫了「移寫傳後」的指令性批語。以後，王梓材據醉經閣刻本重校《宋元學案》以應何紹基重刻之求時，又將原刻本之黃璋、黃徵乂案語全部勾除。」以此認爲王梓材輕視黃璋校補本之證明；亦或者是輕視黃百家、黃璋、黃徵乂、黃直垕等人所作「卷首」之內容。在現今刊行本各卷內文當中，亦不復見黃璋等人之案語，惟保有黃百家所補之案語。

「卷首」部份，總共分爲七十八卷，也就是分卷的數目。但是在〈序錄〉的部份，雖未明言卷數，但可以看出全祖望是依學案而立，總共分了八十六個學案，這其中有相當大的差距。這樣的情況有幾種延伸的解讀方式。

第一：全祖望在得到黃千秋所給予的，也許已非原本之貌的「梨洲黃氏原本」，用以進行校補的工作時，黃百家所寫的案語是早已存在於其中，這其中當然也包括了在「卷首」所寫下的案語。如此在全祖望接手編纂之前便已存在的案語，全祖望很有可能是基於尊重的態度，並未將學案的分卷法加以更動，如此黃百家依學案而立的案語才可以留在原本其所屬的學案當中。再者，黃百家所留的案語也代表了他對於分卷的看法，這也是另一種編纂思想的表現。

第二：全祖望在「二老閣鄭氏栞本」當中所刊行的二卷，分別是〈序錄〉以及第十七卷〈橫渠學案上〉的二部份。依記載〈序錄〉的部份共分爲百卷，九十一個學案。但對照「黃璋校補謄清本」時，〈序錄〉雖同爲全組望所作，但只得八十六個學案，並不分卷。在〈總目〉當中〈橫渠學案〉是列爲卷十四到卷十六共三卷，並非是由第十七卷作爲起始。這樣卷數編排上的差異，代表了三種可能：一、「黃璋校補謄清本」與「二老閣鄭氏栞本」中的〈序錄〉，並不是來源於全祖望的同一份稿本。二、或者是來源的〈序錄〉版本只有一個，但是經過校補之後就產生出不一樣的詮釋和解讀出來。三、或者是來源的〈序錄〉版本，其本身便有先後不同的編纂時間，使得〈序錄〉存在不止一份。

第三：在「黃璋校補謄清本」藏本中的〈總目〉與〈序錄〉二部份，對於分卷法存在有相當大的歧異。〈序錄〉基本上是以學案作爲單位基礎，由全祖望所撰寫，總共分了八十六個學案。而〈總目〉的部份則是經過了多人之手，總共分爲七十八卷五十一個學案。並且在各卷呈現出如下的題名：

遺獻黃梨洲先生稾	男百家纂輯元孫璋六氏孫徵乂校補 後學全祖望續修

就上表諸人之生卒年來看，全祖望〈序錄〉所作的時間，絕對是早於黃徵乂進行校補的時間，同時也早於黃璋得到「盧鎬寄示底稿二十冊」的時間。由此可以看出，黃璋等人對於全祖望的〈序錄〉部份，有相當長的時間可以重新的進行排列組合。但在對照到《四部備要》本〈總目〉當中所列舉出的九十一個學案，「黃璋校補謄清本」藏本的〈序錄〉中獨漏了最末五個學案。除此之外，其餘所列的八十六個學案的名稱與次序可以說和〈總目〉是幾乎一樣。這種情況表示出「黃璋校補謄清

本」藏本的〈序錄〉相當有可能是現存最早最接近現今百卷本九十一個學案規模的版本。並且，這樣的卷目雖然經過黃璋等人的改動，〔註 14〕但其最終還是以全祖望之〈序錄〉作爲依歸。

〈序錄〉所表現出的差異性，除了可以反映出編纂時間的不同之外，對於是否全祖望所遺留的稿本中還有更多的版本未被記載，也是值得考慮的可能。在前文所討論到關於王梓材與馮雲濠二人未見「黃璋校補本」一事，在這也可看出黃璋等人所校補的成果，既然爲馮雲濠所得到並且鈔錄過，王梓材必定在相當程度之上有看過這些「卷首」所寫的內容。至於在後來的王梓材與馮雲濠人的校補本當中，爲何沒有出現黃璋等人的「卷首」內容與案語，就連全祖望所作的「卷首」內容也未允以保留。而是將全祖望所作的〈序錄〉內容移作爲「卷首」使用。這樣的原因雖然王梓材與馮雲濠二人並沒有作出明確的說明，但約略可以由〈序錄〉與「卷首」的差異性看出。

「黃璋校補謄清本」藏本當中並非如《四部備要》本一樣都是由全祖望所作，而是分散爲黃百家、黃璋、黃徵乂和全祖望等多人之手，以一人專責一卷的方式進行。同時，雖然在〈卷首〉當中也有全祖望所作，但是內容和其所寫的〈序錄〉內容以及在《四部備要》本當中所出現的〈卷首〉的內容完全不同，是另一種的〈卷首〉案語。

在〈序錄〉中，除黃百家以外，黃璋與黃徵乂也寫了許多的案語。在〈卷首〉部份，亦爲黃璋所作。全祖望所作部份則爲〈總目〉。若王梓材知道有此一版本的存在，並且對於其中黃璋所下之案語有一定的認識，則在其校編的版本當中，應當會留有黃璋所校補的案語出現。和後世的刊本相同的地方，「黃璋校補謄清本」的藏本，同樣也具有〈總目〉、〈卷次〉和〈卷首〉等部份。只是不同的是，「黃璋校補謄清本」藏本的〈卷首〉部份是由黃百家、黃璋、黃徵乂和全祖望等四人的案語所組成。並非如王梓材道光十八年和二十五年兩次刊刻的刊本當中，全部改以全祖望〈總目〉部份，依各卷分列其中成爲〈卷首〉，取代了原本黃百家等人所作的〈卷首〉內容。並且就連原本全祖望所作的〈卷首〉內容也一併的刪除。雖然王梓材並未寫明其如此編纂的動機，但顯見王梓材在編纂的過程當中，對於黃璋所校補的工作成果，有相當的成見存在，並且足以影響到編纂時的選擇。在吳光〈宋元學案補考〉一文當中，提到了關於王梓材刪除黃璋等人案語的部份，這當中更包括了他們原本寫在「卷首」的案語。

〔註 14〕參見（附圖五）中，黃璋等人在全祖望所列卷目之後所作的案語。

第五章　《宋元學案》編纂旨趣及其相關議題

在書籍的編纂過程中，編纂者常將其編纂思想藉由各種型式寫入文章之中，進而表現在不同的層次上，這些在編纂當時所表現出的構思及想法，或多或少都能的反映出編纂者在編纂書籍時的心境和考量，同時也留給後世研究者許多推敲的空間。《宋元學案》這部書當然也不例外，尤其是在處理代表宋、元之際的學術「宋明理學」這樣的課題上，更可以充份的看出編纂《宋元學案》這部著作時的編纂旨趣。

「宋明理學」一詞，在現今學術界中已經被廣泛的作為一個學術通用詞彙在應用，使學術界在討論宋、明學術時，會直接的和「理學」作一對等的聯繫，這種聯繫就會產生出「宋代理學」與「明代理學」，以此合而稱之為「宋明理學」。如果檢視自宋以降以迄於今的歷來學者，在討論到關於「宋代學術」或是「宋明理學」時，不難發現對於這些名詞本身的定義內涵與相關課題容易產生出相當多的歧異點，而這些歧異也就影響到對於「宋明理學」內涵的認知。

宋代三百多年的學術在後世被以「宋學」、「理學」與「道學」等各種不同名詞所稱呼，其各自的定義和所指涉的範圍也都分別與「宋代學術」一詞之間產生關聯，使得「宋代學術」與「宋明理學」之間劃上等號。此關聯性一直也是歷來學者在研究「宋明理學」時所關注與討論的焦點。本文自《宋元學案》一書入手，其書名已經呈現出是以「宋學」與「元學」為立的「學案」，然而究竟「理學」可否概括等同於「宋學」，還是「理學」被包括在「宋學」當中。這個未有定論的論述進一步會牽引出另一論題，也就是開啓宋學先河者應當歸屬於誰的問題。如果返回到專門以記述宋代學術為主的《宋元學案》時，前述的兩個論題在《宋元學案》當中所顯現的未定論就更加的顯明。

《宋元學案》這部書的成書過程已如前文所述般可說是相當的複雜，其所參與編修人員之多、時間之長都可說是歷來書籍編纂中所少見，而全祖望在其中更是扮演著相當重要的集大成者的角色。《宋元學案》在黃宗羲進行編纂時，並不是以單一部書的型式在寫作，最早是以《宋儒學案》與《元儒學案》兩部各自獨立的著作在書寫。在全祖望去世以前，才將此二部書稿合而爲一，成爲《宋元學案》。這其中全祖望除了在增補校訂方面作有很大的貢獻之外，《宋元學案》全書百卷卷目次第的確定，也是成於全祖望之手。而其後王梓材與馮雲濠二人在進行校補刊刻的工作時，大致上都是依循著全祖望在二老閣刻本的〈序錄〉中對於《宋元學案》卷次安排的構想。〔註 1〕除此之外，對於全祖望在各學案所附加的案語，王梓材與馮雲濠兩人並未多加刪動。因此現今所見的《宋元學案》在卷次的編排上大致是與全祖望在二老閣刻本中的卷次相刎合。

一般書籍的編纂者往往會將他們所要表達的理念與意圖反映在書本卷目的編次上，而藉由這樣的閱讀更可以深入並且建立出編纂者的系譜出來。全祖望在《宋元學案》中的卷次所反映的就是全祖望在進行《宋元學案》編修時對於《宋元學案》一書所展現出的理念與企圖。這樣的企圖表現在全祖望編定的百卷卷目次第並且在加入了案語之後，顯得更能展現出全祖望在編次上所要建構出屬於全祖望所理解的「宋世學術」的系譜。因此也可以被解釋爲全祖望藉由其對於宋世學術的理解，來建構出「全祖望的宋世學術的系譜」出來。全祖望在《宋元學案・安定學案》開頭的「卷首」案語部份，便以開宗明義的方式提出：

> 宋世學術之盛，安定泰山爲之先河。〔註 2〕

全祖望在整理黃氏父子《宋元學案》遺稿時所進行的卷次調整，即已經反映出全祖望想藉由卷次的安排以建構出自己一套的系譜。〔註 3〕而在此「卷首」所加入的案語，更可以展現出他想要建構系譜的企圖心。而在此系譜中全祖望係以胡瑗作爲「宋

〔註 1〕《宋元學案》一書稿本自黃百家辭世以後便分散多處，至全祖望時始收羅部份加以進行校補。宋元學案最早百卷本的規模出現是全祖望替二老閣鄭氏所刻，此刻本唯只刊刻〈序錄〉與卷十七〈橫渠學案〉上卷兩部份。最早百卷本之篇幅即出現於此刻本〈序錄〉中。

〔註 2〕《增補宋元學案》，冊一，〈安定學案〉，「卷首」，頁 1。

〔註 3〕在《宋元學案》的文本當中，區分全祖望對整理黃氏父子的遺稿時所進行的方式爲四種。一、梨洲原本所有，而爲謝山增損者：黃某原本，全某修定。二、梨洲原本所有，而爲謝山分其卷第者：黃某原本，全某次定。三、梨洲原本所有，而爲謝山分其卷第而特爲立案者：黃某原本，全某補定。四、梨洲原本所無，而爲謝山特立者：全某補本。因此在各卷學案的卷首部份，除了全祖望所加之案語以外，另外會標示出全祖望對於各卷所作的增修的形式。

世學術」的先河，這樣系譜的建構除了標示出宋世學術在時間線上的範圍以外，更對於「宋世學術」內容的界定有更明確的標的。事實上，這便是全祖望在重新編次「黃宗羲的宋儒學案」時，在其所作的「卷首」案語當中，對於「宋世學術先河」所特意建構出來的系譜。本文即以此作爲切入，來論述今本《宋元學案》首卷中的「卷首」與所謂「宋學」之「開山/先河」的議題與行文。本文試圖借由各種不同對於「宋世學術」觀點的探討以進入《宋元學案》的文本編排當中，試圖去詮釋《宋元學案》中全祖望等人對於「宋世學術」的學術系譜建立的看法。

第一節　《宋元學案》中「宋世學術」一詞的多義與歧異

現今學界在處理「宋代學術」此一詞彙時，經常會使用「宋學」來作爲其簡化的代稱詞，並且大部份之論述均將「宋學」與「理學」二者之間視作爲相互等同之關係，進而將明代學術與之相連貫，合稱之爲「宋明理學」。其表現在學術內容之發展上，也就是將「宋代學術」與「明代學術」兩者之內涵與「理學」一詞作相互之間的聯繫，並以此作爲一種等同化並且將其常識化的處理。但如果回顧歷來學者對於「宋世學術」一詞所作之理解，以及建構在此一理解上所下之定義，便會發現到將「宋學」與「理學」之間作常識化等同處理的過程，其實存在著相當可供討論的空間，而如此對於「宋學」與「理學」間等同的歧異性，不單只出現在較爲深入之內容分析上，就以基本之名詞建構過程，亦是有許多可供再討論的空間，而這樣的議題自宋代以降的歷來學者當中，被不斷的提出和討論，卻始終未有完善之結論出現。在這些與「宋學」相關的名詞中，除「理學」之外尚包括有「道統」、「道學」與「新儒學」等各種名詞。

在《宋元學案》當中同樣也出現了名詞處理的問題，只是較爲不同的是，在《宋元學案》當中並不特意於處理其所會面對的這些名詞，而是全部被含括在全祖望所書「宋世學術」一詞當中。對於《宋元學案》而言，「宋世學術」一詞所代表之意義，必定是建構在對於這些名詞所作之理解上，而以「宋世學術」來總括替代之名詞建構。但在理解全祖望爲何要如此再建構這些名詞與定義之前，首先應當回到宋代之學者，檢視其自身所面對其當世之學術，以及建構在此一學術的理解之上，如此更能找出在這些名詞產生歧異點上的源頭。〔註4〕

〔註4〕馮友蘭在其〈略論道學的特點、名稱和形式〉，《論宋明理學》（浙江：浙江人民出版社，1983年），頁37-56。提出應當回到宋代諸儒對於自身學術上的稱呼，也就是「道學」上面，而不應把南宋末年以來的「理學」作爲稱呼。換句話說便是主張就是要

南宋李心傳在其《道命錄》序言中即言：

> 嘉定十有七年月正元日，皇帝御大慶殿，朝百官詔尚書都省曰，朕惟伊川先生，紹明道學，爲宋儒宗。〔註5〕

依李心傳所言，當時之學術風氣，由北宋發展到了南宋寧宗時，已經形成一種由官方所認可並且紹明的學術，而這學術則是建立在以「道學」作爲「宋學」的代表，並且以程顯作爲此學術之重心，將「道學」視爲宋儒所宗之學術。至少在南宋時，已有學者認爲「道學」爲北宋迄今儒家所宗之學術，這代表一種經由官方所認可並且建構的學術名詞。但「道學」所指爲何呢？依照《宋史・道學傳》中對於道學所下之定義：

> 道學之名古無是也，三代盛時天子以是道爲政教，……道學之名何自而立，考文王周公既沒孔子有德無位，既不能使是道之用漸被斯世，退而與其徒定禮樂明憲章刪《詩》修《春秋》，讚《易》象，討論《墳》、《典》，朝使五三，聖人之道昭名於無窮。〔註6〕

文中所說「道學之名古無是也」，可見「道學」之名並非是在原始儒家發展期間就被用以稱呼其學，但〈道學傳〉也並未加以否認「道學」內涵的存在，雖無「道學」之名但已有「道學」之實。也或者可以說是先有學術內容，再進而發展出爲其所專稱的學術名詞。雖然《宋史》中並未對於「道學」建構出一完整系譜，但其概舉文王、周公、孔子等的行道功績作爲「聖人之道」，以此「聖人之道」的學問爲「道學」，則系譜顯然也是建構在這些聖人之上。而李心傳在《道命錄》中亦使用了「道學」之名，可見「道學」一詞至少在《道命錄》問世之前即已成爲學術之稱呼而出現在宋代學界當中。在《道命錄》中另外記載了二程在宋英宗治平年間開始闡揚「道學」一事。〔註7〕但此處所舉出之「道學」一詞，另外引發了關於學術視角的問題。余英時先生在其替美國漢學家田浩所著《朱熹的思維世界》一書所作序言中提出，李心傳在《道命錄》中所提出的「道學」，是以政治發展的角度去寫作。〔註8〕因此「道

回到原典上去尋求宋儒對於當代學術的稱呼，而不應該以宋代末期所發展出來的名稱去取代了南宋中葉以前的學術。

〔註5〕李心傳，字微之，宋孝宗乾道三年～理宗淳祐三年（1166～1243）。《道命錄》一文，依其序中所言寫作於南宋理宗嘉熙三年（西元1239年）。

〔註6〕此據百納本二十四史，《宋史》，〈道學一〉，列傳卷第一百八十六，宋史四百二十七。

〔註7〕程頤於元祐二年（1087年）四月〈又上太皇太后書〉中：「陛下聖慮高明，不喜淺近，亦將勉思義理，不敢任其卑俗之見，惧獲鄙於聖鑒矣。誠如是，則將見道學日明，至言日講，弊風日革。爲益孰大于此？」。收於《二程全書》程顥、程頤撰、岡田武彥主編，《二程全書》（台北：中文出版社，民國六十八年。）

〔註8〕田浩（Hoyt Cleveland Tillman），《朱熹的思維世界》（台北：允晨出版社，民國八十

學」在由「聖人之道」轉變爲由官方所欽定時，已經使得原本「道學」的範圍變得狹隘化了。所以「道學」的原貌應該不止於李心傳所記錄的「欽定的道學」，更應當包括更爲全面和廣泛性的「道學」，以期能返回到「聖人之道」的「道學」當中。

反推回宋代學者，其自身在談論「道學」之觀念時，並不會侷限於《道命錄》中所展現之觀點，而會有許多不同於《道命錄》當中所切入「道學」的角度來討論「道學」。例如與李心傳大約同時期的李元綱，其所撰之《聖門事業圖》中就出現以「道」爲名所作之「道的流傳圖」，〔註 9〕以其來自許爲當代所傳所承之「學」，以聖賢所傳之道的學術作爲系譜來建構出「道學」的正當性。可見「道學」之名在南宋時，並非止於一家之說。寧宗之所以會公開宣示「道學」之名，除代表認同其存在之事實外，更是承認其在學術上之地位，及對於政府社會所造成之影響力。因此除了余英時先生所申論之政治統治考量以外，至少代表在南宋時期以「道學」爲標舉之學派，已經在學界形成一定規模和勢力，而如此之規模足以形成學術界中具有代表性之主流學術，甚而獲得政治上之認可。

但對於以上之推論，陳來先生在其《宋明理學》一書中，持有不同之看法。〔註 10〕他認爲「道學」之名僅是對於「理學」在起源時期所使用的一種稱呼，而將「道學」視作爲「理學」之附屬。如此將不同於李心傳與《宋史》等所主張將「聖人之道」與「道學」間劃上等號，而在此一分爲二，將「道學」僅看作是理學發展過程中其中一段時期的名稱。余英時先生在其《宋明理學與政治文化》當中，對於「道學」與「理學」之間有另外不同的主張，他認爲：

> 「道學」多用之於程朱一系，「理學」則包括程朱以外的一切流派。〔註 11〕

余英時先生這樣的說法，無疑是將「道學」與「理學」二個學術名詞作同時存在的處理，差異之處在於範圍指涉的不同，「理學」所指的範圍較之「道學」來的大。而與「道學」相依存的還有「道統」一詞，就字面上看，似乎兩者所指涉的範圍相當。余英時先生在其《宋明理學與政治文化》當中以爲朱熹的〈中庸序〉將「道統」與「道學」作了一個分別，區分爲上古「道統」與孔子以下「道學」二個階段。顯然在朱熹的觀念當中，「道統」與「道學」所代表的是不同的指涉範圍。

五年五月）。〈余英時先生序〉，頁 3-8。

〔註 9〕李元綱，字國紀，生卒年不詳，南宋孝宗時上庠生。《聖門事業圖》，收於《叢書集成新編》，（台北：新文豐出版社），冊 22。

〔註 10〕陳來，《宋明理學》，（瀋陽：遼寧教育出版社，1997 年 4 月），頁 8。

〔註 11〕余英時，《宋明理學與政治文化》（台北：允晨出版社，民國九十三年），第二章〈道學、道統與「政治文化」〉，頁 26。

在「道學」之外，宋人如何處理「理學」呢？陸九淵就提出了「理學」爲聖賢之學的看法：

> 秦、漢以來，學絕道喪，世不復有師。……惟本朝理學，遠過漢唐始復有師道。〔註 12〕

陸九淵在文中提出了「本朝理學」一詞，顯見在南宋時期，除了有前文所稱的「道學」一詞外，尚有對其當世學術自稱其學爲「理學」的情況。陸九淵在此以「理學」和「本朝」一詞作連接，似乎可以作兩種理解：一、「理學」爲宋朝的學術之一。二、「理學」爲宋朝所專有之學術。不論是以那種理解方式，顯然都不是專指程朱一脈的學術。陸九淵這樣的說法顯然與余英時先生在《宋明理學與政治文化》當中的主張是不謀而合。這也可以進一步引申爲「理學」與「宋學」間的關係。漆俠先生在其〈宋學的發展和演變〉一文中提出了他對於「理學」與「宋學」之間相互關係的看法，〔註 13〕他認爲近人在研究宋代的學術時，產生了兩個偏向，其中一個就是把「理學」代替了「宋學」。〔註 14〕在漆氏的觀點中，「理學」是被包括在「宋學」當中，「理學」只是「宋學」當中的一支，並非「宋學」就等同於「理學」。漆氏這樣的看法是將「宋學」定義爲一個時代下整體性學術的名稱，而在這一個整體性的學術之下，包括有許多不同的學術派別，而「理學」便是這諸多派別當中的一支；漆氏對於「宋學」與「理學」間關係的理解可以說是大宗與小宗間的關係。而張立文先生在其《宋明理學研究》一書中提出明末張九韶所輯《理學類編》中獨不收陸九淵之言，顯然是受到《宋史・道學傳》所影響。〔註 15〕那些未收入於〈道學傳〉中的人，幾乎是等同被排除在「道學」的學術脈絡之中，反而被收入於傳統的〈儒林傳〉中。在《宋史》當中的這種情況，反映出對於宋代學術內涵上的迷思，也就是不以〈儒林傳〉作爲學者立傳的唯一，而另以〈道學傳〉來分化代表宋代學術的學者，使宋代學術中的學者，分立爲「道學」與「儒林」的二大陣營。〔註 16〕這樣的分類法雖然是根據當時學界之學術主張作爲依據，但同時也是基本上是持較爲偏向的態度。

〔註 12〕《陸九淵集》（北京：中華書局，1980 年），卷一，〈與李省幹二〉，頁 14。

〔註 13〕漆俠，〈宋學的發展和演變〉，《文史哲》，1995 年第一期，頁 3-24。

〔註 14〕同上註引書，漆氏所認爲的兩個偏向：1. 以理學代替宋學。2. 貶低了荊公學派，頁 4。

〔註 15〕張立文，《宋明理學研究》（北京：人民出版社，1985 年 7 月），頁 10。

〔註 16〕在《宋史》當中，另有〈文苑傳〉之設置，但此三傳（道學、儒林、文苑）之分類法與人物之選取，均有可再議之空間。蓋學者之分類，無法有一絕對之標準，學人往往在各方面之學術上均有涉獵，無法簡單將其歸屬於任何一類，故此分傳之標準與其優缺點，頗值得再深入細究。

錢穆先生在其《朱子學提綱》當中，對於「理學」的發展也提出了相類似的看法：

> 理學在宋儒中亦屬後起。理學興起以前，已有一大批宋儒，此一大批宋儒，早可稱爲是新儒。〔註17〕

由錢氏的話可以看出，他是將「理學」納入在儒學之中，並非是完全等同的替換關係。在宋代以「理學」爲名的學術發展以前，並非沒有學術存在。講宋代學術若只單言「理學」，就會忽略掉興起在「理學」之前的學術，甚至會忽略掉與「理學」同時存在的其他學術。在歷史上，學術發展的承接是建立在時間的動線上，亦即不論是對於學術上的承繼或創新，都是如同時間般具有其連貫性。而在以「理學」爲名興起的學術之前的那段學術，被錢氏理解爲是「新儒」的學術，亦或可稱爲「新儒學」。這樣的說法似乎比較合於在時間動線上的「宋代學術」的發展。在宋代學術發展的時間線上，以尊周濂溪爲先河的「理學」在宋代確非是在早期所開創出來的學術，反而是較爲中期才逐漸發展出來。錢氏所說「理學在宋儒中亦屬後起」，反映了對於「理學」在宋代學術時間線上的理解，也說明了錢氏是將「宋儒」置於整體發展的時間線下，作爲一個整體性概念來處理，將宋代所有學術的發展都含括在「宋儒」之下，「理學」在這一個整體性「宋儒」的範圍下，屬於宋代學術下的一脈，而且是屬於後起的一脈。可見錢氏在面對「理學」問題時，並未將「理學」等同於「宋學」，而是將「理學」納入到整個「宋學」之下來作處理，成爲「宋學」當中的一支。可見，「理學」在宋代似乎不只是被當作爲學派的名稱，更是代表了宋代一部份學者所承繼的儒學傳統。

徐海松先生在其〈胡瑗與宋學〉一文當中，亦提出了與錢氏相類似的看法出來：

> 學術界往往把理學等同於宋學，稱宋學即理學，……其實，理學是宋代眾多學術流派中較爲晚起的一種學術型態。理學是從宋學中衍生出來的，但不能等同於宋學。〔註18〕

徐氏所提出的看法和錢氏可說是相當的近似，均把「宋學」所指涉的範圍當作一個整體性的概念來處理，而「理學」則是被包含在「宋學」當中的一支，並非是等同的關係。余英時先生在面對到如此的論題時，使用了更爲細緻的分類法。余氏細分宋代學術爲「新儒學」、「道學」與「理學」三端，認爲三者均應當含括在宋學之下。

〔註17〕錢穆，《朱子學提綱》（台北：東大圖書公司，民國九十年），頁8。

〔註18〕徐海松，〈胡瑗與宋學〉，《杭州大學學報》，第二十四卷第2期，1994年2月，頁137-154。

美國漢學家田浩在其《朱熹的思維世界》一書中也提出了他對於「宋學」的看法：

> 宋學是宋代儒學復興運動的統稱。……道學是宋學的一支；不等於程朱哲學，道學比程朱哲學廣泛。〔註19〕

和陳來先生所理解的「道學」不同，田氏所認爲的「道學」在範圍上是大於「理學」。雖然田氏認爲「道學」大於「理學」但「道學」依然是附屬於「宋學」之下，屬於「宋學」中的一支。田氏所持的主張與錢氏在基本上的出發點是一致的，都認爲現在所稱由程朱所發展起來的「理學」，並不能等同於「宋學」。但是不同於錢氏的是田氏將「道學」帶入到「宋學」之中作更細部的劃分，他認爲「理學」應當被含括在更爲傳統的名詞「道學」當中，而「道學」也並不代表「宋學」中的全部，也僅只是「宋學」當中的一部份而已。換句話說，田氏認爲「宋學」當中的一支是爲「道學」，而「道學」比程朱所代表的「理學」更爲廣泛；錢氏與田氏二人對於「道學」和「理學」的看法相較於陳來先生的看法可說是大異其趣。張立文先生在其《宋明理學研究》一書中也認爲「道學」之名較「理學」起源更早，但不同於其他人，張氏並未將「道學」與「理學」之間作直線性的處理，而是認爲應將程朱理學、陸王心學與王夫之「氣」一元論三者內括在道學之中。

在上引文中，錢氏將「理學」理解爲是後起，在「理學」發展之前所存在的學術被稱作爲「新儒」。除了說出對於「理學」是在「宋學」發展當中的一支脈以外，對於在「理學」名詞發展之前的部份也作出了理解和處理。依照錢氏的說法，宋代的新儒爲不同於漢儒以來並且具有返回到先秦儒家的風氣和魄力，而將宋代理學發展以前的階段稱之爲「新儒學」，所標示的即是和宋以前的漢唐時期的舊儒作一區隔。而關於「新儒學」的部份，牟宗三先生的看法和錢氏的看法可說是大不相同。牟氏所理解的「新儒學」應當是歸屬於「理學」，牟氏在其《宋明儒學的問題與發展》一書中提出三點理由：

> 一、宋明儒所發揚的儒教就是「士的宗教」或成德之教。宋明新儒學之所以爲新，便在於昭著了由士成聖的奧義。
>
> 二、宋學的開山祖是周濂溪。
>
> 三、到周濂溪才直接講儒家的學問，……講儒家的學問籠統地說是道德意識的覺醒。〔註20〕

〔註19〕田浩，《朱熹的思維世界》（台北：允晨出版社，民國八十五年），〈緒論〉，頁17。
〔註20〕牟宗三，《宋明儒學的問題與發展》（台北：聯經出版社，2003年），頁23。

可見在牟氏的觀點中，對於「宋學」開創所持的不同的理解，影響到對於「宋學」一詞的定義問題。

張立文先生對於「理學」提出了另一種思考的方向。他認爲「理學」一詞，是指整個儒家的「道統」，而不只是宋代學派的名稱。在宋代的學者強調其「理學」時，只是要強調其上承於儒家的「道統」，並非是其所自創。依歷史的演變過程來考察，應當是「理學」包括「道學」和「心學」。

在看過以上諸派對於「宋學」的看法之後，會發現到歷來對於「宋學」的討論雖多，但在定義上卻是存在有相當的差距。因此返回到宋代時期，尋求宋代的當代人對於他們當世所面對到的「宋代學術」的內涵以及在建構上所呈現出的系譜來分析，似乎對於「宋學」、「理學」和「道學」等名詞在「宋代學術」建構的過程上可以更爲清晰。而將這些系譜建構在時間線的發展上，除了可以看出這些關於宋代學術的系譜作品的先後傳承關係以外，更可以釐清出對於「宋學」、「理學」和「道學」等名詞的定義。到此可以歸結出，對於「宋學」的定義上在大致可分爲兩種，也就是廣義和狹義兩部份。廣義可以看作是對於「宋代學術」所作的一種統稱。狹義的解釋則是專指宋代當中的其中一門學問，而這學問的歸屬，就會因對於「宋學」的理解的不同而產生差異。

第二節　全祖望的「宋世學術」系譜與建構

「宋世學術」是被全祖望在《宋元學案》當中所建構出來的名詞，它出現在首卷〈安定學案〉的「卷首」部份：

宋世學術之盛，安定泰山爲之先河。〔註21〕

全祖望這樣書寫所代表的意義，在於表現出他對於「宋世學術」的理解，以及在校補《宋元學案》過程中，所要表達出的編纂理念，並且企圖藉由如此定調的方式，以合理化其在《宋元學案》全書中所建構出來的「宋學」脈絡。但這樣的名詞建構卻缺少了對其定義與說明，使得「宋世學術」一詞所指涉的範圍變得模糊，也因爲如此，就產生出了許多可供再詮釋與再理解的空間。全祖望在《宋元學案》第一卷開頭的卷首案語部份，提出了這樣的名詞，卻未加以說明定義和處理。而在進入閱讀《宋元學案》時，這又是必須要被解決的問題。如果不能對於全祖望在《宋元學案》中所稱的「宋世學術」作出合理化的理解，則在進入文本閱讀時，將會面臨到

〔註21〕《增補宋元學案》，冊一，〈安定學案〉，頁1。

《宋元學案》中關於「宋學」在意義界定上的問題，這將會影響到在閱讀《宋元學案》文本中，根本性的認知問題，而這樣的問題根源於全祖望對於「宋世學術」所作的理解。對於同樣是建構宋代學術系譜的《伊洛淵源錄》而言，朱熹將其學術時間座標定位在「北宋學術」，並且將其討論範疇限定在自身伊、洛地區所傳之學。在時間斷限上，這與《宋元學案》的起始時間是相一致的。雖然《伊洛淵源錄》並非對「宋世學術」的全面性建構，但由於伊、洛之學足以爲當時理學之代表，其所建構之伊、洛淵源系譜，亦可視作爲對於理學系譜的建構。雖然朱熹在書中並未明確的說明，他對於當世所存學術的看法，但由其對系譜的安排及對學術內涵的介紹，亦可看出其對於當世「宋世學術」的理解。回到《宋元學案》與《伊洛淵源錄》的文本上，全祖望與朱熹對於各自所欲建構的系譜必定會反映在卷次的編排上，藉由卷次的安排以表達出對於學術系譜在傳承上的先後次序。而此先後次序並未因二人在編纂時間上的距離，而讓「宋世學術」的系譜成爲定論，因此「宋世學術」的系譜，對於全祖望與朱熹而言，分別代表了他們所各自理解的系譜。而最直接的表現就是在卷次的編排之上，其中最重要的就是對於首卷的確立。首卷的確立，除了可以反映出作者在建構學術系譜上，對於學術開端所持的主張之外，更可以看出其對於學術所指涉的定義與範圍。因此，理解爲何全祖望要將胡瑗置於首卷與朱熹要將周濂溪置於首卷的意義，便可以知曉全祖望與朱熹對於其各自所理解的「宋世學術」的差異性。

依全祖望在首卷的案語當中所提出的觀點，「宋世學術」的先河爲胡瑗及孫復二人，而將胡瑗的學案置於首卷，更是強調了胡瑗在「宋世學術」上先河的地位。然而這樣的問題在面對到以不同系譜角度所建構出來的朱熹的《伊洛淵源錄》時，並不能被視爲理所當然的系譜，也不能單純作爲範圍化的名詞，這是一個必須要去釐清的關鍵，唯有在設法釐清全祖望對於「宋世學術」定義的範圍之後，才能更進一步的理解全祖望所稱呼的「宋世學術」，也就是在《宋元學案》當中的「全祖望的宋世學術」。

在進入「全祖望的宋世學術」之中，便會發現到全祖望在《宋元學案》中所伴隨著「全祖望的宋世學術」而來的另一重要議題，也就是全祖望在「全祖望的宋世學術」的脈絡下，係以胡瑗、孫復作爲「全祖望的宋世學術」的開創者，並且將胡瑗的〈安定學案〉置於《宋元學案》全書之首。如此安排，當然是全祖望所意欲藉此表達其對於「宋世學術」的論點與理解。在面對到「宋世學術」時，全祖望藉由學案系譜的編排順序使其成爲「全祖望的宋世學術」，當中必然會直接的反映出他的想法出來。但由於《宋元學案》並非只成於全祖望一人之手，而是集眾人之力所集結而成，因而在書中會有部份論點相異的情況發生。全祖望所展現出對於「宋世學術」的理解，也應當只是《宋元學案》當中屬於全祖望的一部份。但在後世的王梓材、馮雲濠與何紹基等人進行校刊《宋元學案》時，並未將全祖望對於「宋世學術」的理解內容有所更動。這足以說明，在面對和處理這個議題，他們所持的觀點是趨於一致。而在《宋元學案》當中的全祖望如何面對與處理屬於「全祖望的宋世學術」呢？全祖望將胡瑗置於不是全祖望一人編寫的《宋元學案》的首卷，使其成爲代表「全祖望的宋世學術」的先河，其代表性也是值得討論的。除了可以看出全祖望對於「宋世學術」的認知以外，更可以看出全祖望在不是由全祖望以一己之力所編寫出的《宋元學案》當中如何書寫出「全祖望的宋世學術」。

全祖望以其個人對於「宋世學術」之理解，在《宋元學案》卷一〈安定學案〉之卷首案語起頭處寫下了「宋世學術之盛，安定泰山爲之先河」這段話，很明確的說出全祖望將胡瑗置於首卷之理由。但全祖望的立足點是基於他對「宋世學術」的理解，沒有這樣的理解就不會產生出對於先河歸屬於誰的判斷。因此在這句話之中包含有兩個待解決的問題，第一、全祖望所提出並且未加以解決關於「宋世學術」的問題。第二、全祖望基於在第一個問題的理解下所建構出來關於「宋世學術」先河的問題。

在前一章談到，歷來學者對於「宋學」所指涉的範圍，各有其不同的理解，造成對於「宋學」在歷史發展上定位理解的不同，也就直接影響到各人在系譜建構上的依據。全祖望在《宋元學案》中寫下了「宋世學術」，代表全祖望對於在《宋元學案》中的「宋世學術」所代表的意義，自有其定見。而這樣的定見如何被全祖望寫在《宋元學案》當中呢？相較於前面所提出的歷代人物對於「宋世學術」系譜建構的看法，全祖望似乎表現出了較爲不同的觀點，而這樣的觀點被書寫在包含了眾人對於宋元時期學術個別性與集體性認知的《宋元學案》一書中顯得更爲顯眼。在進入「全祖望的宋世學術」之前，同樣先看看宋代如何建構出他們當代的系譜。

李元綱所撰《聖門事業圖》中，開卷第一圖即是「傳道正統」圖。在強調「正統」性下，李元綱所建構出來的「道」就成爲了他對於「傳」這個過程的理解，並且反映在宋代當中所建構出來的系譜。李氏所建構的「傳道」如下：

堯、舜、禹、湯、文、武、周公、孔子 ─┬─ 顏子
　　　　　　　　　　　　　　　　　　 └─ 曾子、子思、孟子 ─┬─ 明道
　　　　　　　　　　　　　　　　　　　　　　　　　　　　　 └─ 伊川

在李元綱所建構的「傳道」系譜中，可以看出一個有趣的地方，李元綱在宋代承接「聖人之道」的部份，是以程氏兄弟作爲接續者，這點和現今一般以周濂溪作爲「聖人之道」的接續者，在認知上可說是大不相同。現今一般所認知的傳「聖人之道」的系譜，當以《宋史・道學傳》中所建構出來的爲代表。

堯、舜、禹、湯、文、武、周公、孔子 ┬ 顏子
　　　　　　　　　　　　　　　　　└ 曾子、子思、孟子 → 周敦頤 ┬ 明道
　　　　　　　　　　　　　　　　　　　　　　　　　　　　　　　　└ 伊川

可以見到其中對於宋代傳「聖人之道」的部份，明顯的是多安插了周濂溪的位置。何以在宋代本身不把周濂溪置入於系譜當中，而到了《宋史・道學傳》中卻出現了改變呢？對於將周濂溪置入傳「聖人之道」的系譜上，《宋史・道學傳》卻也不是第一本出現這樣安排的著作。早在朱熹《伊洛淵源錄》中即將周濂溪置於全書之首以上承「聖人之道」下啓二程。但全祖望對於朱熹《伊洛淵源錄》以及《宋史・道學傳》中所建構出的系譜似乎有著另一番不同的看法。

全祖望在其《宋元學案》卷一〈安定學案〉卷首的案語部份寫下了：

> 宋世學術之盛，安定、泰山爲之先河，程、朱二先生皆以爲然。〔註22〕

全祖望除了提出「宋世學術」一詞，並且建構出一套他所理解的系譜之外，另外尋求出第三者，以旁證其所理解，並且建構出的「宋世學術」的合理性與正當性。而程、朱便是全祖望所選擇的第三者，並且是在「宋世學術」當中具有代表性的第三者，以此方式更增加了其對於建構「宋世學術」先河的說服力。巧合的是，黃百家在《宋元學案・泰山學案》中的案語亦寫出了類似的看法：

> 先文潔公曰：宋興八十年，安定胡先生、泰山孫先生、徂徠石先生始以師道明正學，繼而濂、洛興矣。故本朝理學雖至伊、洛而精，實自三先生而始，故晦庵有伊川不敢忘三先生之語。〔註23〕

黃百家在此藉由引用黃清老的話語，來作爲其對於「宋世學術」開端的看法。他所認爲的「宋世學術」的興起，應當是由宋初三先生胡瑗、孫復和石介作爲起始，反而一般所認爲的濂、洛只是繼其後所發揚之學。雖然黃清老並沒有很明確的說明在文中所稱的「明正學」所指爲何？但將濂洛視作爲在其後所接之而興的學術，以此

〔註22〕同上註。

〔註23〕黃清老，字子肅，元世祖至元二十七年～元順帝至正八年（1290～1348）。他在元順帝至正三年替《伊洛淵源錄》作序。

可以理解爲宋初三先生除了是「宋世學術」的開端，同時也是「理學」的開端。濂洛所傳之「理學」，在黃清老看來雖然是將學術表現的盡精盡微，但「理學」眞正的發端卻是放在宋初三先生上。全祖望在整理黃氏父子之前的《宋元學案》遺稿時，並未將黃百家此語有所刪動，以此可顯示出全祖望對於黃百家所寫的這句案語，是抱持著認同的態度，並且以此案語來間接說明全祖望對於其「宋世學術」所持有的認知。而這種認知態度的論證基礎，則是建立在第三者的旁證上；也就是兩則案語中所引程、朱對於胡瑗所表達的認同上。學術史的著作，尤其是建構系譜的書寫，佐證可說是相當的重要；全祖望在此即非常善用了第三者進行旁證。所以在〈安定學案〉卷首的案語中，全祖望引出「程朱二先生皆以爲然」，以及黃百家在引文當中所出現的「本朝理學」一詞，這兩句話就可以串接出全祖望以此來間接說明其在「宋世學術」建構上的合理性，並且以「程朱理學」來作爲他對「宋世學術」之間的聯繫。全祖望這樣的聯繫在面對到朱熹《伊洛淵源錄》中對於周濂溪地位上的表達，似乎無法呈現出合理的解釋。

朱熹在其《伊洛淵源錄》中，將周濂溪置於二程之前，就「淵源」二字所體現之成書動機而言，此舉可以視作朱熹對於周濂溪在學術開端地位上的標舉，二程在學術傳承上是承接周濂溪而來。如此對於理解周濂溪在朱熹心中之地位，似乎出現了歧異之處。由全祖望所引的話來看，程朱都贊成周濂溪在「宋世學術」上並不構成先河之地位以及程朱所承之學並非由周濂溪而來。但在《伊洛淵源錄》當中，朱熹如此卷第的安排，似乎又在反駁著全祖望引用程朱之言作爲佐證的手法。

同樣在朱熹所編纂之《近思錄》中，朱熹對於周濂溪地位之表示顯得更爲鮮明。〔註24〕在對於「道體」一詞作出定義的卷一〈道體〉篇中，全文起首第一句開宗明義即是：「濂溪先生曰」，以太極圖說爲首以整理學術思想內涵並且將之系統化論述的著作來說，卷次的安排顯得絕對的重要，而在此《近思錄》當中，朱熹與呂祖謙對於全書起頭位置作如此處理，顯見朱熹與呂祖謙對於周濂溪在學術內養上的重視程度。在此表現出又一個和全祖望所引相違背的例證。

全祖望在《宋元學案・濂溪學案》中另外提出了他對於周濂溪在系譜傳承上位置的看法：

> 濂溪之門，二程子少嘗遊焉，其後伊、洛所得，實不由于濂溪，是在高弟滎陽呂公已明言之，其孫紫微又申言之，汪玉山亦云。然今觀二程子

〔註24〕在《近思錄》當中，朱熹與呂祖謙所整理引用的都是出自於周濂溪、二程與張載等四子之語。這四子在時間的排列上，當以周濂溪在諸人之前，在此明顯表達出另一種不同於藉由在卷次編排上所要表達出的意涵。

終身不甚推濂溪，並未得與馬、邵之列，可以見二呂之言不誣也。〔註25〕

以全祖望對於周濂溪所下的案語來看，他對於周濂溪所重視的程度，相較於宋初三先生來比，顯然是低了許多。而在案語中所引諸人，都是被視爲周濂溪的得意眞傳弟子，全祖望藉由他們之名來旁證其對於周濂溪所給予較低評價的合理性。在案語當中全祖望並且說：「其後伊洛所得，實不由于濂溪」，這顯然是對於朱熹在《伊洛淵源錄》中將周濂溪一人置於二程之前的一種反對，也可以說全祖望所要表達的是伊洛之學在周濂溪之前尙存有許多承上啓下之人在，而這些人當中則以宋初三先生爲首。但在此對於「宋世學術」的理解上，全祖望又似乎是受到了朱熹的影響，既而提出：「本朝理學雖至伊洛而精，實自三先生而始」這句話，顯然是將「理學」等同於「宋學」來作處理，關於此點論題似乎是可以再加深入進行討論。

全祖望繼之在〈安定學案〉中收錄黃百家的一則案語，放在胡瑗的傳文之後：

百家謹案：先生在太學嘗以顏子所好何學論試諸生，先生得伊川作大奇之，即請相見，處以學職，知契獨深伊川之敬，禮先生亦至于濂溪，雖嘗從學，往往字之曰，茂叔于先生非安定先生不稱也，又嘗語人曰，凡從安定先生學者，其醇厚和易之氣一望可知，又嘗言安定先生之門人，往往知稽古愛民矣，于從政乎何有。〔註26〕

此可見全祖望除了用程朱之語來作旁證以外，更引黃百家之案語，藉由濂溪對胡瑗之看法來作一番引證。如此之編排除了反映出全祖望應用先賢朱熹所推崇的一些人來進行反證以外，更可以被擴大理解成，全祖望數度引用黃百家之語來進行反對朱子所提出以周濂溪爲先河之引證，以此表達出全祖望如此的主張並非其所獨創。在面對到如先賢般的黃氏父子時，全祖望對於將周濂溪作如此處理的手法是在學術思想一貫的脈絡下所傳承而來的。

自明以來對於「宋學」的分派上，大致上是以朱熹與陸九淵爲兩大宗。而兩人皆在文集中提出「本朝理學」這樣的名詞，可見朱陸所持在方法論上的不同並不會影響到兩人對於「理學」一詞的共同理解。全祖望在此對於「宋世學術」的理解，雖然引程朱來作爲旁證，但在《宋元學案・安定學案》中，全祖望並未直接將「宋世學術」與「理學」作一聯繫。這使的全祖望在用程朱作爲旁證時會產生對於「理學」一詞在歸屬上的問題，也就是全祖望的「宋世學術」的含括性的問題。而在處理此含括性問題時，源頭的探尋又是最容易表現出在系譜建構時所要表現出的企圖。

〔註25〕《增補宋元學案》，冊二，卷十一，〈濂溪學案〉，頁一。

〔註26〕《增補宋元學案》，〈安定學案〉，頁1。

牟宗三先生在《宋明儒學問題與發展》當中提出了他對於宋學開創的看法：

宋學的開山祖是周濂溪。〔註27〕

以此來看，牟氏是依循其一貫之思路，即以「理學」等同於「宋學」，則「理學」之開山始祖亦等同於「宋學」之開山始祖。因此，牟氏以周濂溪作爲「宋學」之開山始祖，這與錢穆先生所持的觀點可說是大不相同。錢氏對於以周濂溪爲「理學」開創者這樣的觀念，錢氏是持贊成態度的。〔註28〕但不同於牟氏的看法，錢氏認爲「理學」的開山祖雖然是周濂溪，但由於「理學」在「宋學」當中是屬於後起之學，所以我們可以理解錢氏的看法，「理學」的開山祖並不能等同於「宋學」的開山祖，這兩者之間在互相歸屬上，是有其差異性的。牟氏與錢氏這樣不同的主張，也就是建立在對於「理學」和「宋學」之間互相歸屬的不同認知之上。而牟氏的這樣的觀點，回應到全祖望在《宋元學案》中所持的看法，可說是有相當大的差異。全祖望對於以周濂溪作爲「宋世學術」先河的看法，表現出不認同，並且反對的立場。前文所引〈濂溪學案〉中的案語：「然今觀二程子終身不甚推濂溪，並未得與馬、邵之列。」可以看出，全祖望不但舉二程子爲其例證，更將濂溪之地位貶抑至司馬光與邵雍之下。〔註29〕反映在《宋元學案》一書之中的卷次編排上，〈濂溪學案〉也是被排在司馬光〈涑水學案〉與邵雍〈百源學案〉之後。對照全祖望在〈安定學案〉「卷首」所言，明顯就是對於以周濂溪作爲「宋世學術」先河的一種反對。同時也可引申，全祖望對於以「理學」作爲「宋世學術」的唯一代表，也是抱持反對態度的。因此可以看出的是，在全祖望的認知上，胡瑗相較於周濂溪是更具有「宋世學術」開先河者的重要地位。

在宋代三百多年當中，若依照學術在歷史時間的發展線來看，以胡瑗爲「宋世學術」的先河，的確是較以周濂溪爲「宋世學術」的先河，更能符合時間的順序。若以周濂溪爲「宋世學術」的先河，則顯然無法將「宋世學術」依照歷史的時間線來作爲排列的標準，勢必會產生時間錯置的現象。而學術的傳承，不論其立論的異同如何，基本上都是建立在歷史發展的時間軸線上，都是前代影響至後代，絕無可能後代之學術影響到前代。因此，若以周濂溪作爲「宋世學術」先河的主張被學者所提倡的話，對於歷史的時間線上來說，勢必是要解決的問題。而依牟宗三先生的說法來看，在周濂溪之前的學術，被其視作爲同舊時代的儒學一般，是不值得作討論的。如此牟宗三先生選擇的是以忽略周濂溪之前的學術家爲方法，來作爲對其所

〔註27〕牟宗三，《宋明儒學問題與發展》（台北：聯經出版社，2003年7月），頁23。

〔註28〕錢穆，《宋代理學三書隨劄》（台北：東大圖書公司，民國七十二年），頁 103。

〔註29〕《增補宋元學案》，冊二，卷十一，〈濂溪學案上〉，「卷首」。

認同的「宋世學術」的開端。

回到全祖望面對周濂溪與胡瑗所展現出不同的處理態度上，代表了對於兩種不同系譜建構上的不同認知。如果以牟宗三先生和錢穆先生作爲例證來看，錢穆先生所建構之「宋學」是足以將牟宗三先生之「宋學」給納入其中；換句話說，錢穆先生對於牟宗三先生所不擬處理的部份作出了處理，並且將其納入到自我的「宋學」觀點當中，在學術的範圍上所容納的廣度就顯得較爲寬廣。因此，若將胡瑗與周濂溪來作比較，不論是置於學術發展的時間線上亦或是置於個人的生存年代上，胡瑗顯然都是在周濂溪之前。全祖望在面對到「宋世學術」時所採取的態度，明顯的是以「宋世學術」發展的時間線來作爲一種依據；但這樣的依據卻也不是唯一可用以解釋全祖望的「宋世學術」的理由。

黃清老在其替《伊洛淵源錄》所作之序當中，開宗即說：

> 聖人之道，自孟子沒其學不傳，歷漢晉隋唐溺於異端邪說，一千五百年矣。濂溪周子始倡道於舂陵。〔註 30〕

《宋史．道學傳》中亦說：

> 聖人之道，昭明於無窮，……至孔子沒，曾子獨得其傳，傳之子思，以及孟子，孟子沒而無傳。兩漢而下，儒者之論大道，察焉弗精，語焉而弗詳焉，而異端學說，起而棄之，幾至大壞，千有餘載。至宋中葉，周敦頤出於舂陵，乃得聖賢不傳之學。〔註 31〕

由上二段引文可以看出，黃清老在《伊洛淵源錄》以及脫脫在《宋史．道學傳》中都提出了始倡道者，並且將此歸之於周濂溪。使周濂溪所傳之學稱作爲「道學」，而以「道學」等同於「宋學」。並且強調聖人之道，是賴周濂溪而得以復興。於是周濂溪所得到的不只是「宋學」的始倡者地位，更加給了復興聖人之學的地位。

而全祖望在面對到先輩們對於周濂溪如此的評價時，卻產生了不同的看法出來。全祖望在〈安定學案〉的「卷首」案語中所寫，利用程朱對於胡瑗等的看法來間接證明其反對以周濂溪爲「宋學」先河，很顯然是藉由同樣的證人來說不同的話，選擇與表達出符合自己所想要建構出的「宋學」系譜。而在此系譜之下，全祖望以胡瑗爲「宋學」的先河，並且藉由多次轉引自二程的觀點來說明周濂溪之不爲先河以及胡瑗爲理學始倡者的理由。但若將全祖望在〈安定學案〉與〈濂溪學案〉中之「卷首」，擺置於一處作比較，可以發現全祖望在強調胡瑗之地位爲程朱所認同的同時，也提出了對於周濂溪地位的反對。這樣的安排似乎可以被解讀成全祖望除了是

〔註 30〕 朱熹，《伊洛淵源錄》，（台北：文海出版社），頁 1。
〔註 31〕 （元）脫脫，《宋史》，（台北：廣文書局），〈道學傳〉，冊 16，頁 12709。

要以胡瑗作爲「宋學」的先河之外，同時也是將胡瑗視作爲理學的先河。對於「全祖望的宋世學術」而言，無疑可以理解成是含括所有宋代學術之下的一種統稱，並非是單指爲「理學」或「道學」。如此對於全祖望在卷次的安排上，似乎可以較爲合理化了。

《宋元學案》既然是一部結合了許多代學者的力量，在時間積累下所編纂成書的著作。在各個階段所參與的編纂者，必然有其各自主觀的纂修想法與考量，而這些想法足以影響到其對於《宋元學案》一書編纂內容上的選擇。

在學案體裁的書中，學術的系譜會依照作者在編次卷目時，自然而然的形成。既然《宋元學案》的成書基礎是建立在「宋世」與「元世」這兩個學術系譜之上，著作者在書中自然也就是針對在這兩個學術系譜之上而作。但由於每個人對於學術理解的不同，進而會產生對於系譜建構的不同看法，而這樣認知不同所產生的差異性在「宋學」的系譜當中被表現的更爲明顯。歷來學者在面對與處理「宋世學術」時，如同正文中所引般，充滿了各種不同的見解。而在這諸多的見解之中，全祖望選擇並且建構出一套屬於他自己的系譜出來。

全祖望藉由卷次的安排來表達對於胡瑗和周濂溪之間不同的評價，並且藉由案語來補充以及加強說明了自己的論點。全祖望在《宋元學案》中藉由卷第的編排以及替各卷所下的案語來完整建構出屬於全祖望所理解的「宋世學術」。全祖望在〈安定學案〉的案語當中開頭便提出了「宋世學術」一詞，除了代表全祖望以開宗明義的方式提出了對於《宋元學案》全書編纂目的的理解以外，更可以說是一種宣示性的作用，宣示出對於《宋元學案》全書在卷目編排上的合理性與正當性；進而可以合法化的建構出全祖望所企圖建構出的系譜。既然全祖望在全書開頭便宣示出「宋世學術」，代表了全祖望當以此作爲全書的開展中心，並以「宋世學術」作爲在系譜建構範圍上的限定，使全書的系譜在建構時不會太過龐雜。而在此範圍的限定之下，全祖望勢得找到一個基點，作爲他所建構系譜的起點。若無此起點，就好比死水無源頭一般，無法在學術上形成傳承的系譜出來。於是在學術的系譜上，對於先河地位的確立就顯得異常的重要。唯有確立了先河的地位，在往後系譜建構的發展上，才得以將其合理化。

全祖望在處理先河的問題時，並無法直接看出全祖望是否有受到學術界外在的影響，但可以看出的是，全祖望似乎開創出了另一番不同的見解。在此見解之下，全祖望選擇了以胡瑗作爲系譜上的先河，而不用已經幾乎成爲定論的以周濂溪作爲系譜上的先河。學術先河的選擇是直接影響，並且反映在學術系譜的建立上，不同的先河會決定出不同的學術系譜的建構。因此，全祖望在《宋元學案》全書一開端，除了提出「宋世學術」一詞，以合理並且範圍化其所建構的學術脈絡之外，又以「先河」一詞確立了在學術開端上的地位。如此，全祖望在其所定義的雙重規範之基礎上，爲建構全書作一個開展的準備。面對到如同對於學術上的不同理解，同樣是「宋世學術」一詞，也被多樣化地建構，在不同目標的著作當中，會被以不同的面貌所理解。這些不同的理解代表不同的系譜建構立場，亦即分別代表了以周濂溪爲首和以胡瑗爲首的不同學術系譜的建構。全祖望以其自己的學術傳承作爲系譜選擇上的背景，以建構出他所理解的系譜出來。

在前文中所提到的許多對於「宋學」所面對到的幾種解釋，約略可分爲下列數種：

一、「理學」即「宋學」。

二、「理學」爲「宋學」當中的一支。

三、「理學」爲儒家的「道統」。

四、「道學」爲「理學」當中的一支。

五、「道學」爲聖人所傳之學。「宋學」爲「道學」在宋代的表現。「理學」爲「宋學」中的一支。

這些對於「宋學」所作的不同的名詞的指稱，出現在各種爲不同寫作方向與目的的專著當中，所各自代表的意義也各有不同。但利用這些名詞的建構，最終想要在學術上建構出一套系譜的脈絡出來的目的卻是相同的。

牟宗三和錢穆兩位先生對於「宋學」起源的看法，正好代表了歷來學術界對於「宋學」範圍的兩種在方法上的理解，亦即由學術史上入手和由思想史上入手的兩種方法。綜合前述所引可以看出，牟氏認爲「新儒學」應當由周濂溪入手，而在周濂溪之前的「儒學」不被牟氏認爲是「新儒學」，所以在周濂溪之前的「宋代學術」對於牟氏而言，既然已經認定其不爲「新」，自然是不會去作處理的。很明顯的在對於宋初學術的定位問題上，錢氏和牟氏的主張有很大的不同。在處理到「宋學」的系譜時，因爲這樣的不同也產生出不同的系譜出來。全祖望在面對到先輩們所建構出的不同的系譜時，雖不同於後世牟氏與錢氏兩位對於系譜所作的詮釋，全祖望自有其另一套脈絡。在此脈絡下全祖望承接了先輩對於「宋世學術」的理解，並且建構出《宋元學案》的系譜出來。而如此又切進在本章第一節部份，對於「宋學」所指爲何的討論中。對於「宋學」的理解問題上，若將「理學」等同於「宋學」，則《伊洛淵源錄》中所傳之「理學」，很理所當然的成爲「宋學」的系譜。而若將「理學」視作爲「宋學」中的一支，則《伊洛淵源錄》所傳之系譜，僅爲「宋學」系譜中之一支。如此就可說明，對於「宋學」範疇理解的不同，就會造成系譜建構認定上的差異。

第六章　結　論

清初，明遺民黃宗羲自編成《明儒學案》之後接著編纂《宋元儒學案》，其中當有其建構學術系譜的考量。可惜在他有生之年並未能將之完成。黃宗羲的《明儒學案》一書完成於清康熙十五年（1676），這部學術史上的鉅著，充分的闡釋了明代的學術風氣，此部書之價值除了在將各家學說作一總結性的分門別派以外，尚且有一間接性之作用，即是藉由替明代諸儒作學術列傳之同時，也替曾經是生活在那個朝代的自己，在學術的領域上找到一屬於自身學術傳承的地位。在《明儒學案》成書之後十年，也就是康熙二十五年（1686），黃宗羲以 77 歲之高齡，決定將《明儒學案》的內容更往前推進，上溯至宋、元時期，建構出一個更爲完整的學術史系譜。在《明儒學案》中，黃宗羲藉由學術系譜的建構，替自身學術求一地位以外，再往上發展至《宋元學案》，更是將其學術作一溯源，以尋求出完整的學術系譜，使其學術變成有脈絡可尋，並非空穴來風之發明，如此更能彰顯出其學問在學術傳承上的地位。黃宗羲基於此種因素，便開始著手構思《宋元儒學案》的寫作，以試圖完成一個更爲完整的學術思想體系，在這個學術思想體系之下，各家各派均有其各自的師承淵源。這不止是《明儒學案》的往上回溯，更是替《明儒學案》的學案分類，提供在學術上的有力論據，可以用來證明各家學術，在傳承上的淵源性。

自梁啓超以近代概念建立「學術史」一詞之範疇，並上溯黃宗羲之二部「學案史」專著：《宋元儒學案》與《明儒學案》，學術史的研究便與「學案體」著作相互關涉，即便近代學科體制下的文、史、哲學之分立，一旦涉及宋、元、明之「學術史」時，兩部學案著作仍是相當重要的基本著作。這是指取用兩部學案以爲研究之資而言；一旦涉及以兩部學案爲對象的課題研究時，研究《明儒學案》者還是比《宋元儒學案》要多上許多。究其實，還是因爲《宋元儒學案》的成書時程太長，編纂者及版本過於複雜，所記載的學術內容太龐大所致，以致於晚近以來，學界對此書的研究少有推拓與深入。所幸相關的版本與文獻、稿本等不斷的問世與刊行，筆者也得以據之，進而在本文中作出若干析理及探究成書過程中之難處。以筆者在本文「學案表」一節中所引《增補宋元學案・校刊宋元學案條例》中第六條所言：

> 宋、元儒異於明儒，明儒諸家派別尚少，宋、元儒則自安定泰山諸先生以及濂、洛、關、閩相繼而起者，子目不知凡幾。〔註1〕

此段引文雖然專言「學案表」設立之緣由，但又可加以引申為《宋元儒學案》在編纂時所面對的，在「宋世學術」內涵上的複雜性，而其複雜性就表現在「子目不知凡幾」，如此對於傳承的形容上。或許因此之故，令許多人對編纂這樣的著作，望之怯步；當然也有許多人以成黃宗羲之志而自許，投入於此一龐大的編纂工作之中。自黃宗羲著手寫作以來，到王梓材的最初刻本付印為止（康熙二十五年～道光十八年，1686～1837），中間共經歷了大約一百五十一年的時間。〔註2〕在此段時間當中，所參與編纂之人數，其有姓名可稽者已不下於五十七位，而若加上不列名於其中之人恐怕更多。〔註3〕這些編纂者彼此之間並非各為獨立之編纂個體，如同第二章所論，《宋元儒學案》各個編纂時期之編纂者，彼此之間並非以獨立個體進行編纂之工作，其往往是集合眾人之力，以遂行《宋元學案》之編纂，而此眾人之力則是建立在包括親屬、師生、朋友等之人際關係上，並因彼此糾結而使其複雜化，黃宗羲自然是所有複雜關係之發散源頭。而所有關係之出發點都是由黃宗羲作為起始，進而分為黃氏家族、二老閣鄭氏以及黃宗羲弟子等三條直接關係以及全祖望一條間接關係，由此四種關係彼此交疊而成編纂系譜。而在此之中更可發現其人際之發散並非僅限於單一方向，而是同時發生橫向與縱向之交互聯結，此聯結之過程則使得編纂關係允以立體化，同時也是人際關係立體化之展現。因此編纂之工作不單只是版本之編纂而已，更是人際間相互關係之一種體現，如此在版本之編纂上充份看出編纂者們彼此交誼情況；又或言其人際間之交誼影響至版本之編纂。所以由黃宗羲家族向外擴展之人際關係，當中有一部份轉換為參與《宋元儒學案》之編纂，並於黃宗羲過世之後，替其遂行未竟之志。如此之編纂工作就在此種志向之下，由黃宗羲起而向外擴散至全祖望與二老閣鄭氏家族，再經由上述複雜之人際關係而再度匯集至黃宗羲之元孫黃璋之手，雖然王梓材最後二次定本之刊行而結束了編纂工作，但究

〔註1〕《增補宋元學案》，冊一，〈校刊宋元學案條例〉，第六條，頁2。

〔註2〕此據吳光先生〈宋元學案補考〉一文當中所考證之結果，黃宗羲開始著手寫作《宋元學案》的時間，不會早於康熙二十五年（西元1686年），時年黃宗羲77歲。

〔註3〕由於參與編纂之人數相當之多，其中不乏有相當多之編纂者，僅在《宋元學案》當中得見其名，而在地方志、諸碑傳列傳當中並不可見。故編纂者之系譜實無法作完整之全面建構。

其與黃氏家族間，依然存有可考之聯繫關係。

而由上所建構之立體化關係，藉由人際之推展而體現於編纂上之版本，其構成之版本傳佈圖也當如人際關係所表現之複雜。若此之複雜性係建立於編纂者彼此互爲獨立之編纂，則此複雜性將僅限於體例內容上之異同。但藉由彼此之交際互通，其複雜性將如本文第三章所建構之版本流傳般，其編纂之思想與體例將隨之轉變爲不定之因素。而此不定之因素經由人際關係之擴散與收縮過程，表現在對於版本體例之編纂上，而由此之差異性也就展現出其對於人際關係間之態度。在《宋元儒學案》成書過程中，全祖望可說是貢獻最大之編纂者，而全氏在進行校補稿本之時，同時面對黃氏家族與鄭氏家族之後人，其已形成三角之對話關係。後繼之盧鎬於收藏全氏稿本之時，其亦非唯一之編纂線，與之同時之編纂者尚有蔣學鏞與黃璋，雖並無直接之證明蔣學鏞與黃氏族人有所聯繫，但由盧鎬居中，已然又形成一橫向之三角關係。繼全祖望而起之黃璋，更是五條編纂關係線所彙集之處，就版本編纂而言，其是彙集於一處之第一次。因此黃璋對於全祖望編纂成果之態度，也就反映出在黃璋、黃徵乂與黃直垕間三代對於非黃氏家族之人所編纂《宋元儒學案》之態度。在前文已有論述，黃璋等對於全祖望編纂之貢獻與成果是相當之認同，此點也可以由「黃璋校補謄清本」當中保存著相當完整之全祖望的〈序錄〉、「案語」等內容看出。同時也可以理解成黃璋等家族三代，不論是校補或是謄鈔，其基本都是建立在全祖望的成果之上來進行。至此而論，版本的傳佈是建立在人際關係之上的說法似乎是沒有問題。但對於隨之而後的王梓材與馮雲濠二人而言，在其刊本當中已不復可見黃璋等三人所下之案語。此一現象未爲當事人所描繪，因此無法得知王、馮二氏在選擇刪改黃璋等人案語時，所持之標準。依照生卒年而論，王梓材當世正當黃徵乂與黃直垕等人在世之時，故王梓材之舉動，是否有受到黃氏家族之干預？亦或者黃徵乂等人對於其刪除自身編纂之成果是否有所意見？此類課題並無顯著可考之資料，並且此等資料亦頗爲雜瑣，但依然能爲版本產生建立在編纂者相互間交遊狀況上提供最好之例證。

在版本建構與傳佈之同時，編纂之思想與考量同時也表現在體例之轉變上。由文中之署名可看出編纂版本之演進、學案表由平面化轉向於立體化之過程，反映出編纂者對於此種體例運用之程度，而入於學案表之人物由簡而繁，其關係之建構以及選排入表之標準，都可看出學案表在學案體裁中之功用性，卷目卷次之更動更可看出編纂者對「宋代學術」範疇認知上之分岐。就上列所舉數點而論，《宋元儒學案》不論其體裁體例如何轉變，其最終仍以建構學術系譜爲其目的。

錢穆先生在其《宋明理學概述・例言》中提到：

> 求明一代之思想，必當溯源竟流，於全部思想史中迹其師承，踵其演變，始可明此一代思想之意義與價值。〔註4〕

此句話正可以用來引伸說明「學案體」產生之意義與編纂目的，《宋元儒學案》正是依此原則進行編纂，將「宋」與「元」二代學術的派系作整合性的論述，並進而建構出一宋元學術上的傳承系譜。然而此系譜之建構，係以人力爲之，非天然所自成，因此在編纂過程之中，無可避免會將各自之學術意識、生平、師承與交友關係等，編寫入文句段章之中，使其呈現出編纂者所認知之學術；亦或言之是爲其所欲建構之學術系譜。就如王梓材在〈考略〉當中，將其自身家學背景寫入其中之作法，雖無傷於整體系譜之建構，但亦替其家學在此系譜當中尋出一安置之位置。黃宗羲所撰之《明儒學案》其編纂較《宋元儒學案》爲早，且已刊刻成書，因此王梓材未得及在此書中安排其家學背景進場。但在全由清人所撰之《宋元儒學案》中，其寫作時間已晚，且並未成書，使得王梓材在論述清人編纂之過程時，有彰顯其自身家學之機會。況《宋元儒學案》本是一專論學術傳承關係之著作，作者將各自家學背景融入至撰寫內文之中，表現出作者在學術系譜建構上所持之觀點並非特立獨創，而是有所傳承之跡，並且如此之編纂也體現出作者對其自我家學師承之自覺以及對當世學風之態度。

而此方式並不限於家學之記載，全祖望於〈寶甈集序〉中，有言道：

> 予每客揚州，館於馬嶰谷齋中，則與竹町晨夕。竹町居東頭，予居西頭，余方修《宋儒學案》，而竹町終日苦吟，時各互呈其所得。因念世之操論者，每言學人不入詩派，詩人不入學派，吾友杭堇浦亦力主之。余獨以爲是言也蓋爲宋人發也，而殊不然。
>
> 張芸叟之學出於橫渠，晁景迂之學出於涑水，汪青谿、謝無逸之學，出於滎陽呂侍講，而山谷之學出於孫莘老，心折於范正獻公醇夫，此以詩人而入學派者也。
>
> 楊尹之門有呂紫薇之詩，胡文定公之門而有曾茶山之詩，湍石之門而有尤遂初之詩，清節先生門而有楊誠齋之詩，此以學人而入詩派者也。
>
> 章泉、澗泉之師爲清江，栗齋之師爲東萊，西麓之師爲慈湖，詩派之兼學派者也。
>
> 放翁、干巖得之茶山，永泰四靈得之葉忠定公，水心學派之中，但分

〔註4〕 錢穆，《宋明理學概述》（台北：台灣學生書局，1977年），〈例言〉，頁2。

其詩派者也。安得以後世之詩岐而二之，遂使三百篇之遺教，自外於儒林乎？「賦詩日工，去到日遠」，昔人所以蔵後山者，謂其溺於詩也。非遂謂詩之有害於道也。〔註5〕

這是全祖望對存在於清代學術界中，對於學術範圍界線上的劃分，充滿門戶之見的不滿。而這樣的門戶意識成爲將學人選入學案所依據的標準時，將會造成對「宋元學術」認知上的偏見。因此，全祖望意圖力矯此一不當之風氣，如其云「學人不入詩派，詩人不入學派」，就是他對於學術分類法上的一種批判。在《宋史》中，將學術區分爲〈道學〉、〈儒林〉與〈文苑〉三傳，如此對於學術的拆解，將使得學術的整體性受到破壞。故對於將學術作一拆解，成爲「學人」與「詩人」的作法，全祖望是持相當反對的態度。其論述之出發點，就在於學術所具有的整體特性之上。學者專長之領域本就難以限定，往往兼以數類。因此將學術中「學/詩」二分的作法，並不能夠適用在記載時代學術傳承內容的《宋元學案》之中。全祖望對於此論點的主張，尤其反映在他對於《宋元學案》首卷的用心上。因此，全祖望所理解的「宋世學術」所代表之意義，即是他對於學術傳承上，分類與不分類的理解與主張，這樣的理解就以首卷與「宋世學術」爲核心所展開，以彰顯其所持之不同於世的看法，也正反映出其建構「宋世學術」的認知和決心。

〔註5〕《全祖望集彙校集注》，上冊，《鮚埼亭集》，卷三十二，頁607。

附　表

附表 7：黃宗羲與全祖望百卷本編纂關係表

卷　數	卷　　　名	黃宗羲	全祖望			
	總　　　目					
一	安定學案	原本	修定			
二	泰山學案	原本	修定			
三	高平學案			補本		
四	廬陵學案			補本		
五	古靈四先生學案			補本		
六	士劉諸儒學案			補本		
七	涑水學案 上			補本		
八	涑水學案 下			補本		
九	百源學案 上	原本			次定	
十	百源學案 下	原本			次定	
十　一	濂溪學案 上	原本			次定	
十　二	濂溪學案 下	原本			次定	
十　三	明道學案 上	原本			次定	
十　四	明道學案 下	原本	修定			
十　五	伊川學案 上	原本			次定	
十　六	伊川學案 下	原本	修定			
十　七	橫渠學案 上	原本			次定	

十　八	橫渠學案 下	原本	修定			
十　九	范呂諸儒學案			補本		
二　十	元城學案			補本		
二十一	華陽學案			補本		
二十二	景迂學案			補本		
二十三	滎陽學案	原本				補定
二十四	上蔡學案	原本	修定			
二十五	龜山學案	原本	修定			
二十六	廌山學案	原本	修定			
二十七	和靖學案	原本	修定			
二十八	兼山學案			補本		
二十九	震澤學案			補本		
三　十	劉李諸儒學案	原本				補定
三十一	呂范諸儒學案	原本				補定
三十二	周許諸儒學案	原本				補定
三十三	王張諸儒學案	原本				補定
三十四	武夷學案	原本	修定			
三十五	陳鄒諸儒學案			補本		
三十六	紫微學案	原本				補定
三十七	漢上學案			補本		
三十八	默堂學案			補本		
三十九	豫章學案	原本	修定			
四　十	橫浦學案	原本	修定			
四十一	衡麓學案	原本				補定
四十二	五峰學案	原本				補定
四十三	劉胡諸儒學案	原本				補定
四十四	趙張諸儒學案			補本		
四十五	范許諸儒學案			補本		
四十六	玉山學案			補本		

四十七	艾軒學案	原本	修定			
四十八	晦翁學案 上	原本			次定	
四十九	晦翁學案 下	原本	修定			
五　十	南軒學案	原本	修定			
五十一	東萊學案	原本	修定			
五十二	艮齋學案	原本				補定
五十三	止齋學案	原本				補定
五十四	水心學案 上	原本				補定
五十五	水心學案 下	原本				補定
五十六	龍川學案	原本				補定
五十七	梭山復齋學案	原本	修定			
五十八	象山學案	原本	修定			
五十九	清江學案			補本		
六　十	說齋學案			補本		
六十一	徐陳諸儒學案			補本		
六十二	西山蔡氏學案	原本				補定
六十三	勉齋學案	原本	修定			
六十四	潛庵學案	原本	修定			
六十五	木鐘學案	原本	修定			
六十六	南湖學案	原本				補定
六十七	九峰學案	原本				補定
六十八	北溪學案	原本	修定			
六十九	滄洲諸儒學案 上	原本				補定
七　十	滄洲諸儒學案 下	原本				補定
七十一	嶽麓諸儒學案	原本				補定
七十二	二江學案			補本		
七十三	麗澤諸儒學案	原本				補定
七十四	慈湖學案	原本				補定
七十五	絜齋學案	原本				補定

七十六	廣平定川學案	原本				補定
七十七	槐堂諸儒學案	原本				補定
七十八	張祝諸儒學案			補本		
七十九	邱劉諸儒學案			補本		
八　十	鶴山學案	原本	修定			
八十一	西山眞氏學案	原本	修定			
八十二	北山四先生學案	原本	修定			
八十三	雙峰學案	原本	修定			
八十四	存齋晦靜息庵學案			補本		
八十五	深寧學案	原本				補定
八十六	東發學案	原本				補定
八十七	靜清學案	原本				補定
八十八	巽齋學案			補本		
八十九	介軒學案	原本	修定			
九　十	魯齋學案	原本	修定			
九十一	靜修學案	原本				補定
九十二	草廬學案	原本	修定			
九十三	靜明寶峰學案	原本				補定
九十四	師山學案			補本		
九十五	蕭同諸儒學案			補本		
九十六	元祐黨案			補本		
九十七	慶元黨案			補本		
九十八	荊公新學略			補本		
九十九	蘇氏蜀學略			補本		
一　百	屏山鳴道集說			補本		
		67	29	33	8	30

附表8：《宋元學案》各主要版本卷目及編纂表

卷　數	黃璋校補稿本（梨洲文獻館藏本）	黃璋校補謄清本（傅斯年圖書館藏本）	百卷本卷名
一	安定學案	安定學案	安定學案
二	泰山學案	泰山學案	泰山學案
三	徂徠學案	徂徠學案	高平學案
四	四靈學案	古靈四先生學案	廬陵學案
五	元城學案	涑水學案	古靈四先生學案
六	濂溪學案	康節學案一	士劉諸儒學案
七	關中學案	康節學案二	涑水學案 上
八	明道學案	康節學案三	涑水學案 下
九	道南學案	康節學案四	百源學案 上
十	上蔡學案	濂溪、二程學案	百源學案 下
十　一	薦山學案	明道學案	濂溪學案 上
十　二	和靖學案	伊川學案一	濂溪學案 下
十　三	平江學案	伊川學案二	明道學案 上
十　四	永嘉學案	横渠學案一	明道學案 下
十　五	鳴道學案	横渠學案二	伊川學案 上
十　六	豫章學案	横渠學案三	伊川學案 下
十　七	延平學案	元城學案	横渠學案 上
十　八	横浦學案	滎陽學案	横渠學案 下
十　九	玉山學案	上蔡學案	范呂諸儒學案
二　十	武夷學案	龜山學案	元城學案
二十一	致堂學案	薦山學案	華陽學案
二十二	五峰學案	和靖學案	景迂學案
二十三	紫陽學案	震澤學案	滎陽學案

二十四	勉齋學案	永嘉程門學案	上蔡學案
二十五	西山學案	武夷學案	龜山學案
二十六	潛庵學案	紫薇學案	廌山學案
二十七	雙峰學案	豫章學案	和靖學案學案
二十八	朱門學案	延平學案	兼山學案學案
二十九	深寧學案	橫浦學案	震澤學案學案
三　十	東發學案	致堂學案	劉李諸儒學案
三十一	新安學案	五峰學案	呂范諸儒學案
三十二	木鐘學案	胡劉諸儒學案	周許諸儒學案
三十三	雲峰學案	香溪學案	王張諸儒學案
三十四	定宇學案	玉山學案	武夷學案
三十五	鶴山學案	艾軒學案	陳鄒諸儒學案
三十六	西山學案（複）	紫陽學案一	紫微學案
三十七	滎陽學案	紫陽學案二	漢上學案
三十八	紫薇學案	紫陽學案三	默堂學案
三十九	東萊學案	紫陽學案四	豫章學案
四　十	香溪學案	紫陽學案五	橫浦學案
四十一	蛟峰學案	南軒學案一	衡麓學案
四十二	金溪學案	南軒學案二	五峰學案
四十三	廣平學案	南軒學案三	劉胡諸儒學案
四十四	慈湖學案	東萊學案	趙張諸儒學案
四十五	潔齋學案	艮齋學案	范許諸儒學案
四十六	定川學案	止齋學案	玉山學案
四十七	永嘉學案（複）	水心學案一	艾軒學案
四十八	止齋學案	水心學案二	晦翁學案　上
四十九	永康學案	水心學案三	晦翁學案　下

五　十	金華學案	水心學案四	南軒學案
五十一	水心學案	龍川學案	東萊學案
五十二	鳴道學案（複）	金溪學案一	艮齋學案
五十三	北方學案	金溪學案二	止齋學案
五十四	草盧學案	金溪學案三	水心學案 上
五十五	九江學案	慈湖學案	水心學案 下
五十六		絜齋學案	龍川學案
五十七		廣平學案	梭山復齋學案
五十八		定川學案	象山學案
五十九		靜春學案	清江學案
六　十		西山蔡氏學案	說齋學案
六十一		勉齋學案	徐陳諸儒學案
六十二		潛庵學案	西山蔡氏學案
六十三		北谿學案	勉齋學案
六十四		潛室學案	潛庵學案
六十五		鶴山學案一	木鐘學案
六十六		鶴山學案二	南湖學案
六十七		西山眞氏學案	九峰學案
六十八		雙峰學案	北溪學案
六十九		金華學案一	滄洲諸儒學案 上
七　十		金華學案二	滄洲諸儒學案 下
七十一		金華學案三	嶽麓諸儒學案
七十二		金華學案四	二江學案
七十三		厚齋學案	麗澤諸儒學案
七十四		東發學案	慈湖學案
七十五		蛟峰學案	絜齋學案

七十六		巽齋學案	廣平定川學案
七十七		四明朱門學案	槐堂諸儒學案
七十八		新安朱門學案	張祝諸儒學案
七十九			邱劉諸儒學案
八　十			鶴山學案
八十一			西山眞氏學案
八十二			北山四先生學案
八十三			雙峰學案
八十四			存齋晦靜息庵學案
八十五			深寧學案
八十六			東發學案
八十七			靜清學案
八十八			巽齋學案
八十九			介軒學案
九　十			魯齋學案
九十一			靜修學案
九十二			草廬學案
九十三			靜明寶峰學案
九十四			師山學案
九十五			蕭同諸儒學案
九十六			元祐黨案
九十七			慶元黨案
九十八			荊公新學略
九十九			蘇氏蜀學略
一　百			屏山鳴道集說

附表9：「黃璋校補謄清本」藏「黃璋校補本」中〈序錄〉名稱及所附編纂案語

學案名稱	案語
安定學案	即安定三先生學案
泰山學案	
高平學案	現併入安定案
廬陵學案	
古靈四先生學案	
士劉諸儒學案	無案
涑水學案	
百源學案	即康節案
濂溪學案	
明道學案	
伊川學案	
橫渠學案	無案
范呂諸儒學案	
元城學案	現併入涑水案
華陽學案	仝上
景迂學案	
滎陽學案	
上蔡學案	
龜山學案	
廌山學案	
和靖學案學案	
兼山學案學案	現併入二程案
震澤學案學案	即平江案
劉李諸儒學案	現併入二程案
呂范諸儒學案	現併入橫渠案
周許諸儒學案	即永嘉程門案

王張諸儒學案	現併入康節案
武夷學案	
陳鄒諸儒學案	無案
紫微學案	
漢上學案	現併入上蔡案
默堂學案	現併入龜山案
豫章學案	補延平二字
橫浦學案	
衡麓學案	即致堂案
五峰學案	
劉胡諸儒學案	
趙張諸儒學案	無案
范許諸儒學案	現有香溪一案
玉山學案	
艾軒學案	
晦翁學案	
南軒學案	
東萊學案	
艮齋學案	
止齋學案	
水心學案	
龍川學案	
梭山復齋學案	即金溪案
象山學案	仝上
清江學案	
說齋學案	無案
徐陳諸儒學案	附金溪案
西山蔡氏學案	
勉齋學案	
潛庵學案	

木鐘學案	即潛室案
南湖學案	入金華案
九峰學案	現併入西山案
北溪學案	
滄洲諸儒學案	現併入紫陽案
嶽麓諸儒學案	現併入南軒案
二江諸儒學案	仝上
麗澤諸儒學案	附東萊案
慈湖學案	即明州四先生案
絜齋學案	仝上
廣平定川學案	仝上
槐堂諸儒學案	入金溪學案
張祝諸儒學案	入康節案
邱劉諸儒學案	無案
鶴山學案	
西山眞氏學案	
北山四先生學案	
雙峰學案	
息庵晦靜存齋學案	現附金溪案
深寧學案	即厚齋學案
東發學案	
靜清學案	現入四明朱門學案
巽齋學案	
介軒學案	現入新安朱門學案
魯齋學案	
靜修學案	
草廬學案	
靜明寶峰學案	
師山學案	
蕭同諸儒學案	

附表 10：百卷本《宋元學案》各卷編纂者案語統計

卷數	卷名	有入案語之編纂者							
		黃宗羲	黃百家	全祖望	王梓材	馮雲濠	楊開沅	顧諟	張采
	總目								
一	安定學案	0	12	2	16	8	0	0	0
二	泰山學案	0	5	4	11	4	0	0	0
三	高平學案	0	1	2	17	10	0	0	0
四	廬陵學案	0	0	2	8	6	0	0	0
五	古靈四先生學案	0	0	8	6	5	0	0	0
六	士劉諸儒學案	0	0	3	4	4	0	0	0
七	涑水學案 上	0	0	2	8	3	0	0	0
八	涑水學案 下								
九	百源學案 上	1	15	2	3	2	0	0	0
十	百源學案 下								
十一	濂溪學案 上	3	23	6	6	6	0	3	0
十二	濂溪學案 下								
十三	明道學案 上	1	17	1	8	0	8	0	0
十四	明道學案 下								
十五	伊川學案 上	6	26	2	16	1	11	6	0
十六	伊川學案 下								
十七	橫渠學案 上	1	48	2	8	2	2	5	2
十八	橫渠學案 下								
十九	范呂諸儒學案	0	0	1	11	4	0	0	0
二十	元城學案	0	0	7	10	4	0	0	0
二十一	華陽學案	0	0	1	3	3	0	0	0
二十二	景迂學案	0	0	8	7	1	0	0	0
二十三	滎陽學案	0	1	1	7	6	0	0	1

二十四	上蔡學案	3	1	6	11	0	0	0	0
二十五	龜山學案	2	1	4	21	10	0	0	0
二十六	廌山學案	0	0	1	3	4	0	0	0
二十七	和靖學案	1	1	2	12	6	0	0	0
二十八	兼山學案	0	0	1	3	1	0	0	0
二十九	震澤學案	0	0	10	5	2	0	0	0
三　十	劉李諸儒學案	1	0	1	19	7	0	0	1
三十一	呂范諸儒學案	1	6	7	8	3	0	0	0
三十二	周許諸儒學案	0	1	6	13	8	0	0	0
三十三	王張諸儒學案	0	0	2	4	3	0	0	0
三十四	武夷學案	4	2	9	16	4	0	0	0
三十五	陳鄒諸儒學案	0	0	16	17	2	0	0	0
三十六	紫微學案	0	0	4	8	4	0	0	0
三十七	漢上學案	0	0	2	2	1	0	0	0
三十八	默堂學案	0	0	1	3	2	0	0	0
三十九	豫章學案	5	4	3	3	2	0	0	0
四　十	橫浦學案	1	4	4	9	4	0	0	0
四十一	衡麓學案	1	0	1	6	1	0	0	0
四十二	五峰學案	1	3	2	10	2	0	0	0
四十三	劉胡諸儒學案	0	0	3	4	3	0	0	1
四十四	趙張諸儒學案	0	0	3	6	3	0	0	0
四十五	范許諸儒學案	0	0	2	4	5	0	0	0
四十六	玉山學案	0	0	1	4	2	0	0	0
四十七	艾軒學案	0	0	3	8	7	0	0	0
四十八	晦翁學案 上	1	0	4	28	3	0	0	0
四十九	晦翁學案 下								
五　十	南軒學案	2	1	3	11	1	0	0	0
五十一	東萊學案	0	0	7	9	2	0	0	0
五十二	艮齋學案	1	1	1	7	6	0	0	0

<table>
<tr><td>五十三</td><td>止齋學案</td><td>0</td><td>0</td><td>2</td><td>7</td><td>8</td><td>0</td><td>0</td><td>0</td></tr>
<tr><td>五十四</td><td>水心學案 上</td><td rowspan="2">1</td><td rowspan="2">1</td><td rowspan="2">31</td><td rowspan="2">18</td><td rowspan="2">10</td><td rowspan="2">0</td><td rowspan="2">0</td><td rowspan="2">0</td></tr>
<tr><td>五十五</td><td>水心學案 下</td></tr>
<tr><td>五十六</td><td>龍川學案</td><td>1</td><td>1</td><td>1</td><td>5</td><td>4</td><td>0</td><td>0</td><td>1</td></tr>
<tr><td>五十七</td><td>梭山復齋學案</td><td>0</td><td>2</td><td>4</td><td>6</td><td>1</td><td>1</td><td>0</td><td>4</td></tr>
<tr><td>五十八</td><td>象山學案</td><td>1</td><td>1</td><td>2</td><td>14</td><td>1</td><td>1</td><td>6</td><td>0</td></tr>
<tr><td>五十九</td><td>清江學案</td><td>0</td><td>0</td><td>3</td><td>7</td><td>2</td><td>0</td><td>0</td><td>0</td></tr>
<tr><td>六 十</td><td>說齋學案</td><td>0</td><td>0</td><td>2</td><td>1</td><td>1</td><td>0</td><td>0</td><td>0</td></tr>
<tr><td>六十一</td><td>徐陳諸儒學案</td><td>0</td><td>0</td><td>2</td><td>4</td><td>2</td><td>0</td><td>0</td><td>0</td></tr>
<tr><td>六十二</td><td>西山蔡氏學案</td><td>0</td><td>0</td><td>1</td><td>5</td><td>1</td><td>0</td><td>0</td><td>0</td></tr>
<tr><td>六十三</td><td>勉齋學案</td><td>0</td><td>1</td><td>3</td><td>10</td><td>2</td><td>0</td><td>0</td><td>0</td></tr>
<tr><td>六十四</td><td>潛庵學案</td><td>3</td><td>1</td><td>3</td><td>12</td><td>2</td><td>0</td><td>0</td><td>0</td></tr>
<tr><td>六十五</td><td>木鐘學案</td><td>0</td><td>0</td><td>1</td><td>14</td><td>15</td><td>0</td><td>0</td><td>0</td></tr>
<tr><td>六十六</td><td>南湖學案</td><td>1</td><td>0</td><td>2</td><td>9</td><td>3</td><td>0</td><td>0</td><td>0</td></tr>
<tr><td>六十七</td><td>九峰學案</td><td>0</td><td>0</td><td>1</td><td>4</td><td>2</td><td>0</td><td>0</td><td>0</td></tr>
<tr><td>六十八</td><td>北溪學案</td><td>0</td><td>0</td><td>4</td><td>8</td><td>7</td><td>0</td><td>0</td><td>0</td></tr>
<tr><td>六十九</td><td>滄洲諸儒學案 上</td><td rowspan="2">0</td><td rowspan="2">1</td><td rowspan="2">2</td><td rowspan="2">52</td><td rowspan="2">34</td><td rowspan="2">0</td><td rowspan="2">0</td><td rowspan="2">0</td></tr>
<tr><td>七 十</td><td>滄洲諸儒學案 下</td></tr>
<tr><td>七十一</td><td>嶽麓諸儒學案</td><td>0</td><td>0</td><td>10</td><td>9</td><td>6</td><td>0</td><td>0</td><td>0</td></tr>
<tr><td>七十二</td><td>二江學案</td><td>0</td><td>0</td><td>1</td><td>4</td><td>4</td><td>0</td><td>0</td><td>0</td></tr>
<tr><td>七十三</td><td>麗澤諸儒學案</td><td>0</td><td>0</td><td>2</td><td>14</td><td>6</td><td>0</td><td>0</td><td>0</td></tr>
<tr><td>七十四</td><td>慈湖學案</td><td>4</td><td>0</td><td>2</td><td>19</td><td>11</td><td>0</td><td>0</td><td>0</td></tr>
<tr><td>七十五</td><td>絜齋學案</td><td>0</td><td>1</td><td>1</td><td>6</td><td>3</td><td>0</td><td>0</td><td>0</td></tr>
<tr><td>七十六</td><td>廣平定川學案</td><td>3</td><td>0</td><td>6</td><td>6</td><td>4</td><td>0</td><td>0</td><td>0</td></tr>
<tr><td>七十七</td><td>槐堂諸儒學案</td><td>5</td><td>0</td><td>8</td><td>18</td><td>12</td><td>0</td><td>0</td><td>0</td></tr>
<tr><td>七十八</td><td>張祝諸儒學案</td><td>0</td><td>0</td><td>2</td><td>10</td><td>4</td><td>0</td><td>0</td><td>0</td></tr>
<tr><td>七十九</td><td>邱劉諸儒學案</td><td>0</td><td>0</td><td>1</td><td>7</td><td>6</td><td>0</td><td>0</td><td>0</td></tr>
<tr><td>八 十</td><td>鶴山學案</td><td>1</td><td>1</td><td>6</td><td>10</td><td>3</td><td>0</td><td>0</td><td>0</td></tr>
<tr><td>八十一</td><td>西山眞氏學案</td><td>0</td><td>1</td><td>1</td><td>8</td><td>4</td><td>0</td><td>0</td><td>0</td></tr>
</table>

八十二	北山四先生學案	3	6	1	29	24	0	0	0
八十三	雙峰學案	0	1	11	3	9	0	0	0
八十四	存齋晦靜息庵學案	0	0	2	6	2	0	0	0
八十五	深寧學案	0	1	1	15	2	0	0	0
八十六	東發學案	0	1	1	6	2	0	0	0
八十七	靜清學案	0	2	2	4	0	0	0	0
八十八	巽齋學案	0	0	1	5	2	0	0	0
八十九	介軒學案	1	1	2	4	7	0	0	0
九　十	魯齋學案	0	1	4	12	6	0	0	0
九十一	靜修學案	0	1	1	4	1	0	0	0
九十二	草廬學案	0	5	2	12	9	0	0	0
九十三	靜明寶峰學案	2	0	6	9	8	0	0	0
九十四	師山學案	0	0	1	7	2	0	0	0
九十五	蕭同諸儒學案	0	0	1	4	0	0	0	0
九十六	元祐黨案	0	0	1	9	3	0	0	0
九十七	慶元黨案	0	0	0	5	0	0	0	0
九十八	荊公新學略	0	0	4	10	6	0	0	0
九十九	蘇氏蜀學略	0	0	0	7	5	0	0	0
一　百	屏山鳴道集說	0	0	4	8	8	0	0	0
	發表案語總計	62	203	130	849	331	23	20	10

書　影

以下書影皆爲「中央研究院歷史語言研究所」藏

書影八：黃璋校補謄清本〈發凡〉

宋元儒學案發凡

宋史立道學傳而周程張朱之學炳若日星固遠軼漢唐諸儒上矣但其間各有師承各有宗旨苟非分門別類俾相聯屬何以使讀者了然於源流間耶爰取諸儒之語錄行事臚列為案由師及弟自一傳以至再三傳亦各附於案中焉

宋儒唯明道先生讀得禪書透識得禪書真其餘間有流入於禪者如游楊呂謝皆不免雜以禪學然其羽翼聖門處正多生平風節卓有可觀要不可以此而掩之也

伊洛淵源錄於邵子謂其有歉於主敬於溫公謂其有歉於格物似亦不能為二賢諱矣然考朱子作六君子贊亦未嘗不與

發凡　一

書影九：黃璋校補謄清本：黃璋「卷首」案語

宋儒學案卷一

遺獻黃梨洲先生稾　男百家纂輯　元孫璋六世孫徵乂補校

後學全祖望續修　慈谿後學馮雲濠錄

安定三先生學案

璋謹案宋興八十年安定胡先生泰山孫先生徂徠石先生始以其學教授天下士子知有師繼而伊洛興焉故朱子有伊川不敢忘三先生之語則三先生其椎輪也安定泰山年相若而又同學安定以白衣名論學泰山以范富為皆有名位而安定之徒最盛故世謂湖學多秀異慶歷四年詔天下州縣立學而先生入太學學者彬彬然泰山壽老偃蹇一官位不稱德而徂徠年雖亞于二先生于明復義兼師友早年舉甲科慨然以斯道為己任故歐公謂太學之興自先生始及學興而先生亦遂賫志以歿矣禮不忘其所自始若三先生其道不有久而益光者歟述安定三先生學案

侍講胡安定先生瑗

安定三先生學案

書影十：黃璋校補謄清本：黃徵乂「卷首」案語

宋儒學案卷五

遺獻黃棃洲先生藁　男百家纂輯元孫璋六世孫徵乂校補

後學全祖望續修

涑水學案

徵乂謹案涑水之學不由師傳而盡其天資之到其德言功烈之所就已若是謂非當世之大賢不可當時程邵諸賢極推重焉其後朱子作伊洛淵源錄則微婉其格物之未精遂祧之蓋必有見于道体之全者而後得與乎道統之正也然雖朱子作六君子贊則于涑水未嘗不與周程張邵致其尊崇寫景行之意也述涑水學案

溫公司馬涑水先生光

司馬光字君實陝州夏縣人也父池天章閣待制先生七歲時凜然如成人聞講左氏春秋愛之退為家人講即了其大指羣兒

涑水學案　一

書影十一：黃璋校補謄清本：黃百家「卷首」案語

宋儒學案卷六

遺獻黃棃洲先生纂

男百家纂輯　元孫璋六世孫徵乂校補

後學全祖望續修

康節學案一

百家謹案周程張邵五子並時而生又皆知交相好聚奎之
占可謂奇驗而康節獨以圖書象數之學顯攷其初先天卦
圖傳自陳摶摶以授种放放授穆修修授李之才之才以授
先生顧先生之數雖授于之才其學實本于自得始學於百
源堅苦刻厲冬不爐夏不扇日不再食夜不就席者凡數年
大名王豫嘗於雪中深夜訪之猶見其儼然危坐蓋其心地
虛明所以能推見得天地萬物之理即其前知亦非術數比
明道嘗謂先生振古之豪傑又曰內聖外王之道也有問朱
子康節心胸如此快活廣大安得如之答曰他是甚麼樣工
夫又有問朱子學者有厭拘檢樂放舒惡精詳喜簡便者自
謂慕堯夫為人何如曰邵子這道理豈易及哉他胸襟中這
個學能包括宇宙始終古今如何不做得大放得下今人卻

康節學案一

書影十二：黃璋校補謄清本：全祖望「卷首」案語

宋儒學案卷二十五

遺獻黃梨洲先生纂

男百家纂輯　元孫璋六世孫徵乂校補

後學全祖望續修

武夷學案上蔡門人　程子再傳

祖望謹案朱子所作上蔡祠記有云文定以弟子禮稟學梨洲先生遂列文定于上蔡門人之目非也文定嘗曰吾於游楊謝三公義兼師友又曰吾丈人行也然則何嘗自稱弟子龜山行狀嘗言文定傳其學而文定不以為然曰吾自從伊川書得之則于上蔡可知矣今溝而出之述武夷學案

文定胡先生安國

胡安國字康侯建之崇安人紹聖四年登進士第除荊南教授入為太學博士復提舉湖南學事以盱舉遺逸王繪鄧璋為范忠宣

書影十三：黃璋校補謄清本：諸豫宗跋尾識語

右宋儒學案為　梨洲先生晚年所輯屬藁未就授季子主一先生續之亦未成書後為全氏所得全以與盧氏盧氏復歸黃氏自全氏以後一續再續廬山真面已不可復識矣今春　學使陳石士少宗伯命馮柳東廣文搜訪是書廣文以屬豫宗遂假從黃氏惟是書更數手劃附添綴淆雜失次又以全氏原本字皆細草致傳鈔復多缺譌因與　先生裔孫敬齋排次先後得七十八卷付之抄胥細加校讐凡譌字脫句有原書可勘及筆誤顯然者悉皆訂正餘仍闕疑校勘既竣因附書數語于后道光甲午中秋諸豫宗謹識

參考書目

(一) 史　料

1. （元）脫脫等撰，《宋史》，台北：百納本二十四史。
2. （宋）朱熹撰，《伊洛淵源錄》，趙鐵寒主編，《宋史資料萃編》台北：文海出版社，第二輯。
3. （宋）朱熹輯，《二程語錄》，收於《叢書集成新編》台北：新文豐出版社，冊21。
4. （宋）李元綱撰，《聖門事業圖》，收於《叢書集成新編》台北：新文豐出版社，冊22。
5. （宋）李心傳撰，《道命錄》，收於《叢書集成新編》台北：新文豐出版社，冊100。
6. （明）呂善撰，《聖門志》，收於《叢書集成新編》台北：新文豐出版社，冊99。
7. （明）張九韶輯，《理學類編》，收於《叢書集成續編》台北：新文豐出版社，冊41。
8. （明）程曈撰，《新安學系錄》，收於《叢書集成續編》台北：新文豐出版社，冊247。
9. （清）江藩撰，《漢學師承記（宋學淵源記）》台北：廣文書局，民國八十二年。
10. （清）何桂珍撰，《續理學正宗》，收於《叢書集成續編》台北：新文豐出版社，冊43。
11. （清）吳修撰，《昭代名人尺牘小傳》，收於周駿富輯，《清代傳記叢刊》台北：明文出版社，冊30～31。
12. （清）李光地撰，《御纂性理精義》台北：廣文書局，民國七十一年。
13. （清）李恆輯，《國朝耆獻類徵初編》，收於周駿富輯，《清代傳記叢刊》台北：明文出版社，冊127～191。
14. （清）周炳麟、邵友濂，《餘姚縣志》，台北：張元傑，民國六十三年。

15. （清）唐監撰，《國朝學案小識》，上海：中華書局，民國二十五年。
16. （清）國史館原編，《清史列傳》，收於周駿富輯，《清代傳記叢刊》台北：明文出版社，冊96～105。
17. （清）張伯行撰，《道統錄》，收於《叢書集成新編》台北：新文豐出版社，冊100。
18. （清）張伯行撰，《濂洛關閩書》，收於《叢書集成新編》台北：新文豐出版社，冊21。
19. （清）閔爾昌纂錄，《碑傳集補》，收於周駿富輯，《清代傳記叢刊》台北：明文出版社，冊120～123。
20. （清）馮可鏞修、楊泰亨纂，《慈溪縣志》，清光緒二十五年刊本。出版社。
21. （清）馮登府修，《嘉興縣志》，清光緒年刊本。
22. （清）黃直垕撰，《黃梨洲先生年譜》，清同治十二年（1873）刊本。
23. （清）黃嗣艾撰，《南雷學案》，收於周駿富輯，《清代傳記叢刊》台北：明文出版社，冊26。
24. （清）黃嗣東輯，《道學淵源錄》，收於周駿富輯，《清代傳記叢刊》台北：明文出版社，冊3～4。
25. （清）熊賜履撰，《學統》，收於《叢書集成新編》台北：新文豐出版社，冊99～100。
26. （清）趙爾巽等撰，《清史稿列傳》，收於周駿富輯，《清代傳記叢刊》台北：明文出版社，冊89～95。
27. （清）錢儀吉纂錄《碑傳集》，收於周駿富輯，《清代傳記叢刊》台北：明文出版社，冊106～114。
28. （清）繆荃孫纂錄，《續碑傳集》，收於周駿富輯，《清代傳記叢刊》台北：明文出版社，冊115～119。
29. （清）竇鎮撰，《國朝書畫家筆錄》，收於周駿富輯，《清代傳記叢刊》台北：明文出版社，冊82。
30. （清）錢林輯、王藻編《文獻徵存錄》，收於周駿富輯，《清代傳記叢刊》台北：明文出版社，冊10～11。

（二）研究論著

甲、專 著

1. （日）今關壽麿著，《宋元明清儒學年表》北京：北京圖書館出版社，2002年。
2. （美）包弼德（Peter K. Bol）著、劉寧譯，《斯文：唐宋思想的轉型》南京：江蘇民眾出版社，2000年。
3. （美）田浩（Hoyt Cleveland Tillman）著，《朱熹的思惟世界》台北：允晨出版社，民國八十五年。

4. （美）田浩（Hoyt Cleveland Tillman）著，姜長蘇譯，《功利主義儒家陳亮對朱熹的挑戰》南京：江蘇民眾出版社，1997 年。
5. （美）田浩（Hoyt Cleveland Tillman）編，楊立華、吳絕紅譯，《宋代思想史論》北京：社會科學文獻出版社，2003 年。
6. 小島毅著，《宋學・形成・展開》東京：創文社，1999 年。
7. 方祖猶撰，《清初浙東學派論叢》台北：聯經出版社，民國八十五年。
8. 王懋竑撰，《宋朱子年譜》台北：台灣商務印書館，民國七十六年。
9. 任繼愈著，《中國哲學史》北京：民眾出版社，1979 年。
10. 全祖望撰，朱鑄禹校，《全祖望集匯校集注》上海：上海古籍出版社，2000 年 12 月。
11. 牟宗三著，《宋明儒學的問題與發展》台北：聯經出版社，2003 年。
12. 衣川強編，《宋元學案、宋元學案補遺人名字號別名索引》台北：文海出版社，民國六十七年。
13. 余英時撰，《宋明理學與政治文化》台北：聯經出版社，民國九十三年。
14. 佚名，《宋元學案人名索引》台北：廣文編譯所，民國六十八年五月。
15. 吳光主編，《黃宗義著作匯考》台北：學生書局，民國七十九年五月。
16. 吳光主編，《黃宗義論——國際黃宗義學術討論會論文集》浙江：浙江古藉出版社，1987 年 12 月。
17. 吳光著，《黃宗義著作匯考》台北：台灣學生書局，民國七十九年五月。
18. 吳懷祺著，《中國史學思想史》安徽：安徽民眾出版社，1996 年。
19. 呂思勉著，《理學綱要》北京：東方出版社，1996 年 3 月。
20. 李紀祥著，《明末清初儒學之發展》台北：文津出版社，民國八十一年。
21. 林繼平著，《宋學探微》台北：蘭台出版社，民國九十一年。
22. 武夷山朱熹研究中心編，《朱子學新論》上海：上海三聯書局印行，1991 年。
23. 金中樞著，《宋代學術思想研究》台北：幼獅出版社，民國七十八年。
24. 侯外盧著，《中國思想通史》北京：民眾出版社，1957 年。
25. 侯外盧、邱漢生、張豈之，《宋明理學史》北京：民眾出版社，1997 年。
26. 姜亮夫著，《歷代名人年裡碑傳總表》台北：台灣商務印書館，民國八十二年。
27. 孫振青撰，《宋明道學》台北：國立編譯館主編、千華出版社，民國七十五年。
28. 徐世昌纂，《清儒學案小傳》，收於周駿富輯，《清代傳記叢刊》台北：明文出版社，冊 5～7。
29. 徐洪興著，《思想的轉型——理學發生過程研究》上海：上海民眾出版社，1996 年。
30. 徐洪興、楊月清、殷小勇編著，《中國理學》北京：東方出版中心，2002 年。

31. 張立文著，《宋明理學研究》北京：中國民眾大學出版社，1985 年。
32. 張立文著，《宋明理學邏輯架構的演化》台北：萬卷樓出版社，民國八十二年。
33. 張享著，《朱子的志業——建立道統意義之探討》，《思文之際論文集——儒道思想的現代詮釋》台北：允晨出版社，民國八十六年。
34. 梁啓超撰，《中國近三百年學術史》台北：台灣中華書局，民國六十七年。
35. 梁紹輝著，《周敦頤評傳》南京：南京大學出版社，1994 年。
36. 陳來著，《中國近世思想史研究》北京：商務印書館，2003 年。
37. 陳來著，《宋明理學》瀋陽：遼寧教育出版社，1997 年。
38. 陳叔諒、李心莊編，《重編宋元學案》台北：正中書局，民國七十六年。
39. 陳祖武著，《中國學案史》台北：文津出版社，民國八十三年。
40. 陳植鍔著，《北宋文化史述論》北京：中國社科院出版社，1992 年。
41. 陳榮捷著，《朱子新探索》台北：台灣學生書局，民國七十七年四月。
42. 陳鐘凡著，《兩宋思想述評》台北：東方出版社，民國八十五年。
43. 陳鐵凡著，《宋元明清四朝學案索引》台北：藝文印書館，民國六十三年。
44. 麥仲貴著，《宋元理學家著述生卒年表》香港：新亞研究所專刊之三，1990 年。
45. 喬衍棺著，《宋代書目考》台北：文史哲出版社，民國七十六年。
46. 黃宗羲等編，《宋元學案》北京：商務印書館，1934 年。
47. 黃宗羲等編，《足本宋元學案》台北：廣文書局，民國六十年。
48. 黃宗羲等編，《增補宋元學案》台北：台灣中華書局，民國七十三年。
49. 楊祖漢著，《宋元學案：民族文化大醒覺》台北：時報文化出版社，民國八十七年。
50. 楊蔭深著，《中國學術家列傳》台北：西南書局，民國八十一年五月。
51. 董金裕著，《宋儒風范》台北：東大出版社，民國六十八年。
52. 詹海雲編，《全祖望《鮚埼亭集》校注》台北：國立編譯館，民國九十二年。
53. 蒙培元著，《理學的演變——從朱熹到王夫之戴震》台北：文津出版社，民國七十九年。
54. 劉象彬著，《二程理學基本範疇研究》河南：河南大學出版社，1987 年。
55. 劉蔚華、趙宗正主編，《中國儒家學術思想史》山東：山東教育出版社，1996 年。
56. 蔡仁厚著，《宋明理學：心體與性體意旨述引——北宋篇》台北：台灣學生書局，民國八十四年。
57. 蔡仁厚著，《宋明理學：心體與性體意旨述引——南宋篇》台北：台灣學生書局，民國七十二年。
58. 蔡仁厚著，《宋明理學——北宋篇》台北：台灣學生書局，民國六十六年。

59. 蔡仁厚著，《宋明理學——南宋篇》台北：台灣學生書局，民國七十九年。
60. 鄧元鼎、王默君著，《宋元學案人名索引》台北：河洛圖書出版社，民國六十九年。
61. 鄧克銘著，《宋代理概念之開展》台北：文津出版社，民國八十二年。
62. 錢穆著，《中國史學名著》台北：三民書局，2003 年。
63. 錢穆著，《中國近三百年學術史》台北：台灣商務印書館，民國八十五年七月。
64. 錢穆著，《中國思想史》台北：台灣學生書局，民國六十六年。
65. 錢穆著，《朱子學提綱》台北：東大圖書公司，民國九十年。
66. 錢穆著，《宋代理學三書隨劄》台北：東大圖書公司，民國七十二年十月。
68. 錢穆著，《宋明理學概述》台北：台灣學生書局，1977 年。
69. 繆天綬選注，《宋元學案》台北：台灣商務印書館，民國七十七年。
70. 羅光著，《中國哲學思想史：宋代篇》台北：台灣學生書局，民國七十三年。
71. 關長龍著，《兩宋道學命運的歷史考察》上海：上海學林出版社，2001 年。
72. 嚴文郁輯，《清儒傳略》台北：台灣商務印書館，民國七十九年。

乙、期刊論文

1. 王克奇，〈論宋明道學的嬗變及各流派的理論異同〉，《山東師大學報》，2001 年，第 5 期，頁 50-53。
2. 王明蓀，〈學案體裁〉，《中西史學史研討會論文集》，第一屆，國立中興大學，民國七十四年。
3. 王書華，〈《宋學的發展和演變》的學術貢獻與創新〉，《社會科學論壇》，2003 年 9 月，頁 69-71。
4. 王曉薇，〈凝晚年心血煉宋學巨製——讀漆俠先生遺作《宋學的發展和演變》〉，《中國文化研究》，2003 年春之卷，頁 99～101。
5. 任天成，〈宋明道學中的聖人理念〉，《北方論叢》，1999 年，第 3 期，頁 65～68。
6. 匡釗，〈道學——一種文化應戰〉，《甘肅社會科學》，1998 年，第 3 期，頁 14～17。
7. 早俊廣，〈關於《宋元學案》的“浙學”概念——作爲話語表象的“永嘉”、“金華”和“四明”〉，《浙江大學學報》，2002 年 1 月，第三十二卷第 1 期，頁 110～115。
8. 朱伯，〈關於宋學研究〉，《中國文化研究》，1996 年秋之卷，頁 1～3。
9. 朱漢民，〈論宋學興起的文化背景〉，《湖南大學學報》（社會科學版），1999 年 3 月，第十三卷第 1 期，頁 40～44。
10. 江雪蓮，〈宋明道學義利理欲之變的實質〉，《華南師範大學學報》，1998 年，第 4 期，頁 69～73。

11. 何忠禮，〈論宋學的產生與衰落〉，《福建論壇》（人文社會科學版），2001 年，第 5 期，頁 55～62。
12. 宋晞，〈宋代學術與宋代精神〉，《華岡文科學報》，第 20 期，頁 1～18。
13. 束景南，〈道學文化心態論綱〉，《浙江社會科學》，2001 年，第 4 期，頁 131～137。
14. 李長春，〈論道學的基本範疇——心〉，《社會科學戰線》，1996 年，第 1 期，頁 54～61。
15. 李紀祥，〈「近思」之「錄」與「傳習」之「錄」〉下，《國立中央大學人文學報》，民國八十九年六月，第 21 期。
16. 李紀祥，〈「近思」之「錄」與「傳習」之「錄」〉上，《國立中央大學人文學報》，民國八十八年十二月，第 20 期。
17. 李紀祥，〈「經世」理念與宋明理學〉，《中國書目季刊》，民國七十八年十二月，第二十三卷第 3 期。
18. 李紀祥，〈入道之序～～由「陳（淳）、黃（干）之歧」到李滉「聖學十圖」〉，國立中央大學人文學報，民國九十年十二月，頁 241～337。
19. 阮芝生，〈學案體裁源流初探〉，杜維運、黃進興編，《中國史學史論文選集》，冊一，民國六十八年十月，頁 574～596。
20. 周晉，〈唐宋學術轉折與道學文化的興起〉，《中州學刊》，1997 年，第 1 期，頁 80～83。
21. 周予同，〈「漢學」與「宋學」〉，《周予同經學史論著選集》，上海民眾出版社，1983 年。
22. 林久貴，〈《宋元學案》的作者及成書經過論述〉，《黃岡師範學報》，1998 年 8 月，第 18 卷第三期，頁 64～69。
23. 林久貴，〈《宋元學案》纂修的學術文化背景〉，《中國文化月刊》，2003 年 10 月，第 274 期，頁 13～19。
24. 姜國柱，〈中國宋學的歷史貢獻〉，《撫州師專學報》，2003 年 6 月，第二十二卷第 2 期，頁 32～39。
25. 姜廣輝，〈宋代道學定名緣起〉，《中國哲學》，1992 年，第十五輯。
26. 倉修良，〈黃宗羲和學案體〉，《浙江學刊》，1995 年，第五期，頁 24～25。
27. 倉修良、呂建楚，〈全祖望和《宋元學案》〉，《史學月刊》，1986 年，第二期。
28. 孫利，〈道學心態下的朱熹〉，《南開學報》，2002 年，第 3 期，頁 35～41。
29. 徐洪興，〈宋學的由來及其過程〉，《孔孟月刊》，第三十四卷第 6 期，頁 25～38。
30. 徐海松，〈胡瑗與宋學〉，《杭州大學學報》，1994 年 6 月，第二十四卷第 2 期，頁 137～154。
31. 衷爾鉅，〈在廣闊領域研究宋學〉，《開封大學學報》，1997 年，第 1 期，頁 7～11。

32. 袁國藩，〈試補《宋元學案》之〈靜修學案〉〉，《國立編譯館館刊》，民國六十一年六月，第 1 卷第 3 期，頁 104～114。
33. 張亨，〈朱子的志業——建立道統意義之探討〉，《思文之際論集——儒道思想的現代詮釋》，允晨出版社，民國八十六年十一月。
34. 張立文，〈宋明新儒學與現代新儒學形上學之檢討〉，《哲學與文化》，1996 年 7 月，第二十三卷第 7 期，頁 1796～1818。
35. 張如安，〈黃宗羲著作補考〉，《古籍整理研究學刊》，2001 年，第 2 期，頁 53～56。
36. 張克偉，〈黃宗羲著作存逸考（下）〉，台灣：《國立編譯館館刊》，民國七十八年六月，第十八卷第一期，頁 251～270。
37. 張克偉，〈黃宗羲著作存逸考（上）〉，台灣：《國立編譯館館刊》，民國七十七年六月，第十七卷第一期，頁 77～109。
38. 張克偉，〈黃宗羲著作存逸考（中）〉，台灣：《國立編譯館館刊》，民國七十七年十二月，第十七卷第二期，頁 81～111。
39. 張建，〈黃宗羲——全祖望學派考察六則〉，《中國哲學》，1988 年 1 月，第十四期。
40. 張麗珠，〈清代學術對宋明義理的突破〉，《故宮學術季刊》，民國八十五年三月，第十三卷第 3 期，頁 131～149。
41. 郭亞佩，〈羅整菴與朱子思想的距離——對黎洲《學案》的反駁及檢討〉，《史繹》，民國七十九年五月，第 21 期，頁 29～55。
42. 陳勇，〈不知宋學，則無以評漢宋之是非——錢穆與清代學術史研究〉，《史學理論研究》，2003 年，第 1 期，頁 48～58。
43. 陳少明，〈再論宋學與現代新儒家〉，《學術月刊》，1995 年，第 3 期，頁 7～9、44。
44. 陳金生，〈《宋元學案》的編纂和刊印〉，《中國哲學》，1979 年 8 月，第一期。
45. 陳俊民，〈道學與宋學、新儒學、新理學通論〉，《渭南師範學院學報》，2000 年，第 23 期，頁 5～13。
46. 陳祖武，〈《宋元學案》纂修拾遺〉，《中國史研究》，1994 年，第 4 期，頁。
47. 陳寒鳴，〈南宋道學與反道學之爭及啓示〉，《歷史教學》，1996 年，第 5 期，頁 3～7。
48. 陳錦忠，〈黃宗羲《明儒學案》著成因緣與其體例性質略論〉，台中：《東海大學學報》，1984 年，第二十五卷，頁 111～139。
49. 湯仁津，〈宋學南移和江南儒學〉，《史林》2002 年，第 4 期，頁 82～124。
50. 程潮，〈現代第三、四代新儒家的宋學觀〉，《開封大學學報》，1997 年，第 1 期，頁 97～99、14。
51. 程潮，〈現代新儒家的宋學觀〉，《嘉應大學學報》（哲學社會科學），1998 年，第

2 期，頁 5～9。
52. 馮友蘭，〈略論道學的特點、名稱和形式〉，《論宋明理學》，1983 年，浙江民眾出版社。
53. 黄進興，〈「學案」體裁產生的思想背景——從李紱的《陸子學譜》談起〉，《漢學研究》，民國七十三年六月，第二卷第 1 期。
54. 黄彰健，〈理學的定義范圍及其理論結構〉，《大陸雜誌．史學叢書》，第四輯第一冊，頁 89～137。
55. 楠本正繼著，徐儒宗譯，〈宋學溯源論要〉，《船山學刊》，2001 年，第 2 期，頁 100～105。
56. 楊玉峰，〈艾軒漁仲交誼述略——兼補《宋元學案之闕失》〉，《大陸雜誌》，民國七十九年十二月，第 81 卷第 6 期，頁 23～27
57. 楊祖漢，〈宋元學案導讀〉，《鵝湖》，民國七十年六月，第 6 卷第 12 期，頁 17～22
58. 楊翰卿，〈宋學在中國近現代思想文化中的地位和作用〉，《中州學刊》，1996 年，第 2 期，頁 74～89。
59. 董金裕，〈讀《宋元學案》附錄看宋儒風范〉，《幼獅月刊》，民國六十七年六月，第四十七卷，第 6 期，頁 12～15。
60. 雷家聖，〈從經學到理學——略論北宋儒學學術取向之轉變〉，《史耘》，2003 年 9 月，第 9 期，頁 29～48。
61. 漆俠，〈宋學的發展與演變〉，《文史哲》，1995 年，第 1 期，頁 3～24。
62. 趙載光，〈周敦頤道學與湖湘派儒學的特色〉，《船山學刊》，1999 年，第 2 期，頁 55～59。
63. 暴鴻昌，〈清代漢學與宋學關係辨析〉，《史學集刊》，1997 年，第 2 期，頁 64～70。
64. 蔡仁厚，〈北宋洛學之南傳及其光大（綱要）〉，《中國文化月刊》，1998 年 4 月，第 217 期，頁 1～3。
65. 蔡仁厚，〈牟先生研究宋明理學過程之探析〉，《鵝湖月刊》，民國八十三年七月，第二十卷第 1 期，頁 1～7。
66. 蔡文錦，〈泰州學派宋代開山祖——胡瑗〉，《揚州頭班大學學報》，2001 年 9 月，第五卷第 3 期，頁 1～6。
67. 蔡方鹿，〈朱義經學與宋學〉，《社會科學研究》，2003 年，第 5 期。
68. 諸煥燦，〈清代浙東學術概說〉，《寧波教育學院學報》，1999 年 9 月，第一卷第 1 期，頁 55～59。
69. 錢穆，〈黃梨洲的明儒學案，全謝山的宋元學案〉，《文藝復興月刊》，民國六十一年六月，第 30 期，頁 14～18。

丙、學位論文

博士論文

1. 張元，《宋代理學家的歷史觀》，國立台灣大學，歷史研究所，64 學年度，博士論文。
2. 詹海雲，《全祖望學術思想研究》，國立台灣師範大學，國文研究所，89 學年度，博士論文。

碩士論文

1. 李少維，《台灣地區宋代理學學位論文引用文獻分析與特性研究：一九五八至一九九六年》，中國文化大學，史學研究所，86 學年度，碩士論文。
2. 謝凱蒂，《全祖望之史學經世研究》，國立政治大學，中國文學研究所，81 學年度，碩士論文。
3. 張麗珠，《全祖望之史學研究》，國立高雄師範大學，中國文學研究所，76 學年度，碩士論文。